Robert Hilble
Gabriele Langfeldt-Feldmann

Kois im Gartenteich

Franckh-Kosmos

Umschlaggestaltung von Atelier Reichert, Stuttgart, unter Verwendung von vier Farbaufnahmen von B. Kahl

Mit 19 Farbaufnahmen von B. Kahl (18) und R. Hilble (1) sowie 29 Schwarzweißzeichnungen von W. Weiss

Die Deutsche Bibliothek –
CIP-Einheitsaufnahme

Hilble, Robert:
Kois im Gartenteich : [alles über japanische Zierkarpfen] / Hilble ; Langfeldt-Feldmann. – 2. Aufl. – Stuttgart : Franckh-Kosmos, 1993
ISBN 3-440-06786-6
NE: Langfeldt-Feldmann, Gabriele:

Bezugsquellen

SAKANAYA
Deutschlands erste Adresse für japanische Kois.
Inhaber:
Fischwirtschaftsmeister Robert Hilble
Sittenbach, Geiselwieser Straße 2
D-85235 Odelzhausen
Tel.: 0 81 34/75 17

2. Auflage/1993
© 1988, Franckh-Kosmos Verlags-GmbH & Co., Stuttgart
Alle Rechte vorbehalten
ISBN 3-440-06786-6
Printed in Germany/Imprimé en Allemagne
Satz: Fotosatz Stephan, Stuttgart
Herstellung: Huber KG, Dießen

Alle Angaben in diesem Buch sind sorgfältig geprüft und geben den neuesten Wissensstand bei der Veröffentlichung wieder. Da sich das Wissen aber laufend weiterentwickelt und vergrößert, muß jeder Anwender prüfen, ob die Angaben nicht durch neuere Erkenntnisse überholt sind. Dazu muß er zum Beispiel bei Behandlungsvorschlägen den Tierarzt konsultieren, Beipackzettel zu Medikamenten lesen, Gebrauchsanweisungen und Gesetze beachten.

Kois im Gartenteich

Vorwort

Es war ein glücklicher Zufall, daß wir uns kennenlernten: Robert Hilble, seine Kois und ich. Ich suchte ihn auf, um Goldfische für meinen Gartenteich zu erstehen. Seine Adresse fand ich zufällig in einer Gartenfachzeitschrift. Da ich einen neu angelegten Teich ziemlich öde und leblos finde, war ich wild entschlossen, Bewegung in das stille Wasser zu bringen und einige Goldfische und Goldorfen einzusetzen. Moderlieschen und Elritzen kamen für mich nicht in Frage, da ich meine Fische sehen wollte. Herr Hilble riet mir zwar, meine Ungeduld etwas zu zügeln und einige Monate abzuwarten, bis der Teich sich zu einem eigenständigen Biotop entwickelt hätte, aber davon wollte ich nichts hören. Jetzt oder nie. Ich bin ein etwas ungeduliger Mensch. Während Herr Hilble mich beriet, wie ich meinen Teich am zweckmäßigsten ausstatten sollte, schlenderten wir an den Fischbecken vorbei. Da sah ich sie. Meine Traumfische, die Kois. Ich war vor Jahren in Japan und hatte diese wunderschönen Teichfische dort bewundert. Ich war erfreut, jemand zu treffen, der meine Liebe zu Japan, japanischer Gartengestaltung und den Kois teilte. Leider gab Herr Hilble meinem Wunsch, sofort einige junge Kois mitzunehmen, nicht nach. Mein Teich sollte erst sein biologisches Gleichgewicht finden. Er hatte natürlich recht, er war der Fachmann. Ich bekam meine Goldfische und

Orfen, auf denen ich aber doch bestand, und fuhr heim.

In der kommenden Zeit war ich öfter bei Herrn Hilble und holte mir Rat für meine vielfältigen Teichprobleme. Da Herr Hilble genauso begeistert von Fischen und Teichen ist wie ich, war er genau der richtige Ansprechpartner. Er hatte von Kindheit an mit Fischen zu tun, da sein Vater seit 30 Jahren Forellen und Karpfen züchtet. Allerdings gilt seine Vorliebe nicht den Speisefischen, sondern den farbenprächtigeren Zierfischen. Da die Liebe zu den Fischen allein aber nicht ausreicht, um aus dem Hobby einen Beruf zu machen, absolvierte er seine Ausbildung als Fischzüchter, mit dem Abschluß des Fischwirtschaftsmeisters. Seit 11 Jahren ist er als Fischzüchter tätig und brachte somit genug Erfahrung und fachliche Kompetenz mit, um mir bei meinen großen und kleinen Problemen zu helfen.

Nach etlichen Wochen legte ich mir natürlich meine Kois zu. Bei allem Spaß und der Freude an den Fischen tauchten wieder neue Schwierigkeiten auf, die glücklicherweise immer gelöst werden konnten.

Natürlich war ich nicht die einzige, die sich hilfesuchend an Herrn Hilble wandte. Es gehört doch mehr Wissen und Erfahrung zur Anlage eines vernünftigen Fischteiches und zur Koi-Haltung, als man sich eingestehen will. Ich suchte nach Publikationen, die sich mit den speziellen Problemstellungen eines Anfängers der Koi-Haltung beschäftigen, konnte aber nichts Befriedigendes finden. Es gibt sicherlich Fachbücher für

Vorwort

den Profi, aber die sind für den Laien schwer verständlich und außerdem sehr teuer. Wir beschlossen schließlich, selbst ein Buch zu schreiben.

Bei der Arbeit an diesem Buch stellten wir fest, daß das Zusammenwirken von Fachmann und Laie zu sehr sinnvollen Problemlösungen führen kann. Der Fachmann kann sicherlich die kompetentesten Antworten geben, aber der Laie stellt oftmals Fragen, die den Fachmann nur tangieren. Alleine durch seine professionelle Ausstattung sieht er sich gar nicht konfrontiert mit solchen speziellen Problemen wie Platzverhältnisse, Beschränkung der finanziellen Mittel, etc. Unsere Intention ist es, professionel-

les Wissen und eigene Erfahrungen in leicht verständlicher Form weiterzugeben, da wir wissen, wie schwer es ist, Bücher zu finden, die sich mit diesem Thema befassen. Im Gegensatz zum asiatischen Raum ist die Anlage von Gartenfischteichen und die Haltung von wertvolleren Teichfischen bei uns mit diversen Vorurteilen belastet und dementsprechend gering verbreitet. Zwangsläufig sind Informationen zu diesen Themen nicht leicht zu bekommen. Wir haben uns deswegen in Japan umgesehen, weil dieses Land die Heimat der Kois ist, wie wir sie heute kennen, und weil dort die besten und wertvollsten Kois der Welt gezüchtet werden.

Die Geschichte der Kois

Die Japaner schwelgen in Superlativen, wenn die Rede von Kois (in Japan nennt man sie Nishikigoi) ist. Ein Koi ist nicht einfach ein Fisch, in Japan ist der Koi das Symbol für Glück, Tapferkeit, Erfolg und langes Leben. Vielleicht haben sie schon einmal die großen bunten Papierkarpfen gesehen, die am 5. Mai anläßlich des Tango Festes überall in Japan in der Luft flattern. An diesem Tag wird allen Knaben ein gesundes, glückliches Leben gewünscht. Die Papierkarpfen sind Nachbildungen von Kois, mit viel Liebe und Phantasie bemalt, wobei man sich gerne an klassische Vorlagen hält. Der Karpfen hat die längste Geschichte der domestizierten Fische. Er kam aus Persien und Zentralasien über China nach Japan. Im dreizehnten Jahr der Regentschaft Kaiser Jings (533 v. Chr.), als der älteste Sohn des Konfuzius geboren wurde, beschenkte ihn Zhao Gong, der Herrscher des Staates Lu, zu diesem freudigen Ereignis mit seltenen Fischen. Die Fische bekamen den Namen Li (der Karpfen). Es existieren Knochenfunde, die beweisen, daß der Karpfen seit 200 v. Chr. in japanischen Flüssen und Seen gehalten wurde.

Vor 160 Jahren etwa begann man in Niigata mit der Zucht der Kois, wie wir sie heute kennen und lieben. In dieser Gegend waren Fischzüchter beheimatet, die sich mit der Aufzucht von Speise-

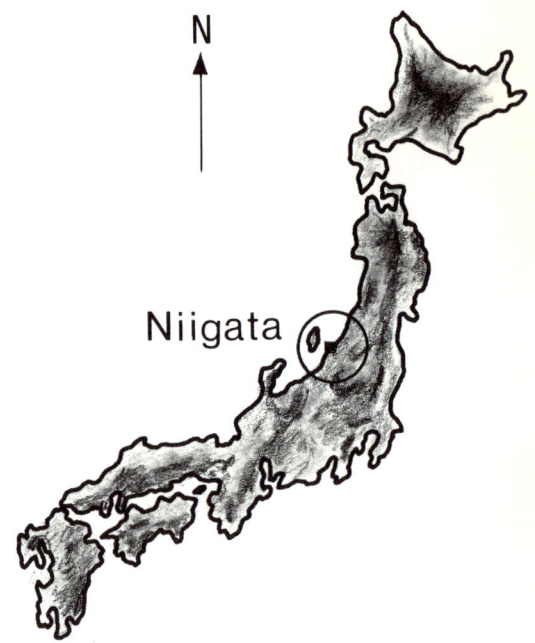

N

Niigata

Die Provinz Niigata ist das Ursprungs- und Hauptzuchtgebiet japanischer Kois.

karpfen beschäftigten. Diese Züchtungen entstanden aus dem Wildkarpfen, der eigentlich im Fluß lebt und eine schlankere Körperform besitzt als unsere einheimischen Speisekarpfen.

Durch einen Zufall der Natur fanden sich zwischen den unscheinbaren, graubraunen Karpfen farbige Mutanten. Durch geschickte Kreuzung entwickelten sich im Laufe der Jahre Teichfische mit einer Vielfalt an Farben und Zeichnungen, wie wir sie eigentlich nur von

Die Geschichte der Kois

tropischen Fischen kennen. Die Heimat der Kois, die Niigata Präfektur, ist eine bergige Gegend, in der 4—6 Monate im Jahr Schnee liegt. Eigentlich ein denkbar ungünstiger Platz, um Fische zu züchten. Vielleicht war das Auge in dieser grauen Gegend einfach empfänglicher für Farbtupfer, dankbar für das kleinste Fleckchen Rot oder Gelb — Teichblüten im Winter? Es wird wohl ein Rätsel bleiben, warum ausgerechnet aus dieser unwirtlichen Gegend die schönsten und besten Kois kommen. Früher starben jeden Winter Millionen von Kois unter dem Schnee, der alles erstickte. Trotzdem gaben die Züchter nie auf. Ende Mai, wenn die Brutzeit der Kois begann, keimte die Hoffnung auf, *den* ganz besonderen, einzigartigen Koi zu finden. Hier liegt wohl auch ein Geheimnis der Koi-Begeisterung, die sich mittlerweile auf die ganze Welt ausgedehnt hat. Der einzige, der schönste, der beste, der heimliche Traum jedes Koizüchters. Jedes Jahr finden in Japan und anderen Teilen der Welt Wettbewerbe und Ausstellungen statt, in denen die schönsten Kois prämiiert werden. Die Champions erreichen Werte von einer halben Million DM. Der Gedanke, daß ein Fisch so wertvoll sein könnte, erscheint im ersten Moment absurd. Wenn man jedoch beginnt, sich mit diesen Tieren zu beschäftigen, wird diese Vorstellung immer vertrauter. Es wird klar, daß Kois Haustiere sind, denn sie werden rasch handzahm, lassen sich aus der Hand füttern und streicheln. Es kann ein Erlebnis sein, Jungfische heranwachsen zu sehen, mitzuerleben, wie sie gedeihen und sich einige zu absoluten Schönheiten in Farbe und Zeichnung entwickeln. Es gibt natürlich Standards, die bestimmen, wie ein erstklassiger Koi aussehen muß, und nach denen richtet sich selbstverständlich auch der Preis. Aber auch wenn Ihr Koi kein Ausstellungssieger sein wird, Sie werden ihn lieben wegen seiner freundlichen, zutraulichen und ausgewogenen Persönlichkeit.

Unser Fischteich

Über die Anlage und Pflege eines Fischteichs gibt es mittlerweile so viele unterschiedliche Empfehlungen, daß dem Neuling meist nur noch Grundsätzliches im Gedächtnis haftet: Es sollte eine Grube im Boden ausgehoben werden, abgedeckt mit einer Folie oder ausgefüllt mit einem Fertigbecken, in der sonnigsten Ecke im Garten, keine Bäume in der Nähe und, wegen der Stechmücken, in möglichst weiter Entfernung vom Haus. Das ist sicherlich eine Lösung, wenn sie einen Teich *ohne* Fischbesatz anlegen wollen, in dem sie in der Hauptsache Wasserpflanzen kultivieren. Hier geht es aber um einen Fischteich, der in erster Linie den Kois als Lebensraum dienen soll.

Wir können und wollen keine absolute diktatorische Regel aufstellen, wie »der« Koi-Teich auszusehen hat. Es gibt Mindestanforderungen für die Ausstattung des Teichs bei der Koi-Haltung, der Rest ist Geschmacksache und Sache des Geldbeutels.

Die *Mindestgröße* des Teichs sollte 10—15 qm betragen, da die Fische recht groß werden können. Die empfehlenswerte *Mindesttiefe* liegt bei 1,80 Meter, damit das Wasser im Sommer nicht zu warm wird. Auch sind große Temperaturschwankungen, die den Fischen nicht sehr zuträglich sind, bei einem tieferen Teich nicht zu befürchten. Außerdem kann man die Tiere leichter draußen überwintern, wenn der Teich tief genug ist. Die obligatorischen 60—80 cm sind da nicht ausreichend. Wenn der Fischbesatz ziemlich groß ist, kann der Einsatz eines Filters notwendig werden, um das Wasser sauberzuhalten.

Die Lage des Teiches

Der ideale Standort des Teiches ist möglichst nahe am Haus, damit wir unsere Kois jeden Tag, auch bei Regenwetter, sehen können. Wenn wir erst durch einen vom Regen aufgeweichten Garten stapfen müssen, um zu füttern, macht das Ganze keinen Spaß mehr. Und Spaß ist die Hauptsache bei der Haltung von Kois.

Manche Teiche in Japan reichen teilweise bis unter das Haus, so daß man den Eindruck hat, man lebt auf einer Insel. Das ist eine sehr attraktive Lösung, besonders bei kleinen Grundstücken, aber sehr aufwendig und kostenintensiv. Eine praktische Möglichkeit ist, einen Teil des Teiches bis an die Terrasse heranzuführen, damit man einen bequemen Fütterungs- und Beobachtungsplatz einrichten kann. Die Furcht vor *Stechmücken* ist unbegründet, da die Fische mit Begeisterung Mückenlarven fressen. Dagegen wachsen in jeder Regentonne ungehindert riesige Mengen von Mückenlarven heran. Man kann diesen Umstand nutzen, um seine Kois zusätzlich mit Lebendfutter zu versorgen. Der Teich sollte nach Möglichkeit im

Ideal am Haus und an der Terrasse gelegener Teich für Kois.

Halbschatten liegen, da die Farben der Kois dann brillanter werden. Vor allem an heißen, sonnigen Tagen werden die Fische den Schatten suchen. Außerdem kann in vollsonniger Lage der Algenwuchs zur Plage werden. Algen sind leider nicht nur ein optisches Problem, sie belasten auch das Wasser. Wir werden auf dieses Thema noch näher eingehen. Die einfachste Möglichkeit der **_Schattierung_** ist meist eine Randbepflanzung mit hohen Gräsern, Büschen und Bäumen. Günstig sind Bambus und Pfahlrohr. Sie wachsen rasch und wirken sehr natürlich am Teich. Die meisten Grundstücke heutzutage sind recht knapp bemessen. Wir sollten deshalb auf ausgewogene und harmonische Randbepflanzung achten. Bäume, die sehr groß und ausladend werden, sind für kleinere Grundstücke nicht geeignet. Sehr schön sind Rhododendren, die wunderhübsche Blüten im Frühjahr entwickeln, und kleinwüchsige Ahornarten, wie z. B. der Fächerahorn, der durch graziles Blattwerk und eine leuchtende Herbstfärbung Akzente setzt. Keine Angst vor **_Laubfall im Herbst_**, ein einfaches Vogelnetz, über den Teich gespannt, hält das Laub vom Wasser fern. Das macht weniger Arbeit, als abgesunkene Blätter aus dem Teich zu fischen. Wenn Sie keine Randbepflanzung möchten, gibt es auch andere Möglich-

11

keiten der Schattierung. Praktisch und preiswert ist ein Sonnensegel, das man auch zur Schattierung von Terrassen einsetzt. Eine stabile Konstruktion ist eine Pergola, die begrünt sein kann. Es gibt da viele Lösungen, die aber immer auf ihren Garten und Teich abgestimmt sein müssen, deshalb wollen wir nur kleine Anregungen geben.

Bauart des Teiches

Es gibt viele Möglichkeiten, einen Teich anzulegen. Wir haben die Wahl zwischen verschiedenen Materialien und Bauarten. Bei der Entscheidung wird eine Rolle spielen:
- Teichgröße
- Untergrund
- Gestaltung
- Budget

Die einfachste und zunächst günstigste Möglichkeit wird sicherlich ein *Folienteich* sein. Mittlerweile gibt es eine große Auswahl an Teichfolien, die man nach eigener Maßangabe auch fertig zugeschnitten und verschweißt erhält. Ansonsten ist es möglich, Folien mit Spezialklebern auf die passende Größe zu bringen. Teichfolien sind sehr haltbar und langlebig, wenn sie richtig verlegt wurden, d. h. in einem Sandbett von ca. 10 cm Dicke, damit nicht evtl. scharfkantige Steine die Folie verletzen können. Empfehlenswert ist eine spezielle Teichfolie mit einer Mindeststärke von 1 mm. Diese Folien haben ihren Preis, aber Sie sparen am falschen Ort, wenn Sie hier Kompromisse eingehen. Billigfolien sind oft aus verschiedenen Folienresten verarbeitet und entsprechen nicht den Trinkwasserrichtlinien. Das heißt, es besteht die Möglichkeit, daß die Folie giftige Chemikalien enthält. Diese können dann im Wasser freigesetzt werden und Ihre Fische schädigen. Teichfolie ist trotz ihrer Stärke relativ geschmeidig, am besten verlegt man sie an einem sonnigen Tag, da die Folie durch die Wärme noch geschmeidiger wird. Die Gestaltungsmöglichkeiten sind vielfältig. Da Folienteiche leicht selbst angelegt werden können, ist es auch einfach, während der Arbeit Korrekturen vorzunehmen, solange Sie die Größe der Folie beachten. Möglich sind auch noch Änderungen der Uferzone nach Einlassen des Wassers, wenn Sie z. B. den Rand steiler oder flacher anlegen wollen.

Einige von Ihnen werden zu Hause schon den idealen Koi-Teich haben und wissen es gar nicht: der Swimmingpool! Manch einer hat sich ein *Schwimmbecken* in den Garten bauen lassen und nutzt es aus den verschiedensten Gründen nicht mehr so häufig wie früher. Dieses Becken ist sehr praktisch für die Koi-Haltung, da es leicht zu reinigen ist und oft auch eine vernünftige Filteranlage hat. Es ist auch meist groß und tief genug. Das einzige, was geändert werden muß, ist die Position der Ansaugöffnung für den Filter, sie sollte sich am tiefsten Punkt des Beckens befinden, um möglichst viel Schmutz abzusaugen.

Wer bereits einen *natürlichen Teich* be-

Unser Fischteich

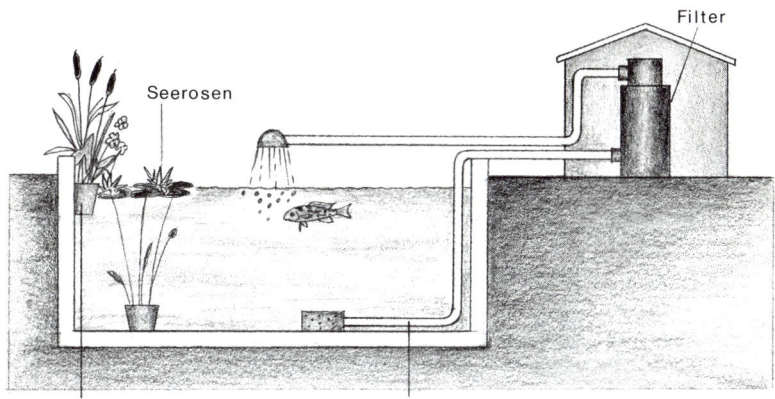

Filter

Seerosen

Einhängekasten
für Sumpfpflanzen

Ansaugschlauch zum Filter

Ehemalige Schwimmbäder eignen sich vorzüglich als Koiteiche.

sitzt, kann den unter bestimmten Voraussetzungen auch nutzen. Sie sollten allerdings bedenken, daß Karpfen gerne den Grund aufwühlen und so den Teich und die Freude an den Fischen trüben können, weil man sie nur sieht, wenn sie an die Wasseroberfläche kommen. Besitzt der Teich einen ausreichenden, natürlichen Durchfluß von Frischwasser, kann die Situation wieder anders aussehen, und der Teich ist aufgrund des ständigen Wasseraustauschs wieder klar. Die Durchlaufmenge sollte allerdings nicht zu hoch sein, da das Teichwasser sonst zu kalt werden kann. Im Sommer sollte das Wasser 18—20 ℃ aufweisen. Außerdem muß überprüft werden, ob es für Kois geeignet ist. Bloßer Augenschein genügt da nicht! Eine chemische Analyse ist am sichersten. Heutzutage ist selbst Quellwasser nicht immer ver-

wendbar, manchmal sogar mit Schad- und Giftstoffen belastet.

Wenden Sie sich an Ihr Wasserwerk und lassen Sie Wasserproben untersuchen. So stellen Sie sicher, daß sich keine Stoffe im Wasser befinden, die den Fischen schaden können. Bei Entnahme der Wasserproben ist folgendes zu beachten: Nehmen Sie eine saubere 1-Ltr. Flasche mit Schraubverschluß. Tauchen Sie die geöffnete Flasche ganz unter Wasser, damit bei der Füllung keine Luftblasen in der Flasche bleiben und schrauben Sie die Flasche *unter Wasser* zu! Sauerstoff verfälscht die Werte! Pakken Sie die so gefüllte Flasche am besten in eine Styroporschachtel, damit die Temperatur konstant bleibt und kein Licht eindringen kann. Dann muß die Probe sofort in das Labor gebracht werden. Es ist wichtig, diese Prozedur einzuhalten, damit die Analyse korrekte Werte ergibt.

Wer eine anspruchsvolle Wasserland-

Japanische Gartenteichanlage.

schaft gestalten will, wird sicherlich auf ein *Betonbecken* zurückgreifen. Diese aufwendige Herstellungsweise sollte allerdings dem Fachmann überlassen werden. Eine einfache Betonschale, in Sand gebettet, genügt meist nicht. Armierungen und, je nach Größe des Teiches, eine zweite Betonschale sind notwendig, damit das Becken keine Setzrisse bekommt. Wenn Sie Pech haben, und das Becken wird undicht, leert es sich, ohne daß Sie es rechtzeitig bemerken und die Fische sitzen auf dem Trockenen.

Bei Betonbecken dürfen erst Pflanzen und Fische eingesetzt werden, wenn der Kalk ausgelaugt ist. Dazu füllt man den Teich komplett mit Wasser, läßt es 1—2

Wochen abstehen und entleert das Becken. Diesen Vorgang wiederholt man noch zweimal. Anschließend bürstet man das Becken gründlich mit Essigwasser aus (1 Teil Essig auf 10 Teile Wasser) und spült es gründlich mit einem scharfen Wasserstrahl aus. Ein Tip: Lesen Sie an der Wasseruhr ab, wieviel Wasser Ihr Teich faßt. Diese Information kann sehr wichtig sein, wenn Sie den Teich und die Fische mit Medikamenten, die genau dosiert werden, behandeln müssen.

Wer keine Arbeit investieren möchte, kann sich auch einen *Fertigteich* kaufen. Sie sollten allerdings darauf achten, daß er tief genug ist. Die meisten Fertigteiche sind nicht tiefer als 60—80 cm, und das ist nicht ausreichend für eine Überwinterung der Kois im Freien. Sie sollten dann die Fische im Winter ins

Auch ein streng geometrischer oder mit Fliesen eingerahmter Teich hat seinen Reiz.

Haus nehmen (siehe Kapitel Pflege und Wartung). Fertigteiche sind meist sehr stabil und die Segmentbauweise bietet auch viele Gestaltungsmöglichkeiten. Sie können z. B. eine Teichlandschaft mit Bachläufen anlegen. Das sieht sehr hübsch aus, und die Kois haben, je nach Größe der Anlage, viel Raum zum Schwimmen.

Es gibt auch die Möglichkeit, einen *Teich aus Glasfasermatten und Kunstharz* zu bauen. Diese Teiche sind ebenfalls sehr stabil und bieten viele Gestaltungsmöglichkeiten. Die Verarbeitung der Materialien ist allerdings wegen der Dämpfe der Lösungsmittel nicht ungefährlich. Sie sollten sie einem Fach-

mann überlassen. Für die Fortgeschrittenen unter Ihnen, die vielleicht auch ein Faible für japanische Gartengestaltung haben, mag der betonierte oder gemauerte Teich trotzdem die beste Lösung sein, da hier der technischen und optischen Gestaltung fast keine Grenzen gesetzt sind. In Japan findet man fast ausschließlich diese Art des Teichbaus. Sie bietet die Möglichkeit, optimale Filtersysteme zu integrieren, die auf biologischem Wege Schadstoffe abbauen und eine optimale Wasserqualität für die Fische bieten.

Wir haben einige Teiche in Foto und Zeichnung abgebildet, vielleicht hilft Ihnen das bei der Entscheidung.

15

Wasser

Wasser ist das Lebenselement der Kois und in unseren Breiten sicherlich nicht schwer zu beschaffen. Die Qualität des Wassers ist sehr wichtig, da die Gesundheit Ihrer Kois davon abhängig ist (Wasserprobe siehe S. 13). Das Wasser sollte sauber sein, d. h. Trinkwasserqualität haben und einen ausreichenden Sauerstoffgehalt aufweisen. Das sind die wesentlichen Voraussetzungen. Und jetzt wird es kompliziert. Wir haben zwar nicht unter Wassermangel zu leiden, aber trotzdem ist es nicht einfach, ein gutes Teichwasser zu erhalten.

Leitungswasser ist für die meisten von uns die beste Möglichkeit, zu sauberem Wasser zu kommen. Es ist allerdings oftmals zu kalkhaltig oder gechlort, und aufgrund seines Mineral- und Kalkgehalts veralgt der Teich recht schnell. Wenn Sie wüchsige Unterwasserpflanzen im Teich gepflanzt haben, sterben die Algen nach einiger Zeit ab, da die Pflanzen dem Wasser überschüssige Mineralien entziehen. Ein biologischer Filter beseitigt die Algenplage noch schneller.

Natürliche Wasservorkommen sind in unserer verschmutzten Umwelt mit Vorsicht zu behandeln. *Grundwasser* ist in ländlichen Gegenden oftmals durch ein Übermaß an Düngung unbrauchbar. Vielerorts ist es außerdem verboten, Brunnen zu bohren.

Regenwasser sollte nur vom sauberen Dach kommen, damit keine Schadstoffe, die darauf abgelagert sein könnten, in den Teich gelangen können. Nach Schönwetterperioden kann es recht lange dauern, bis das Dach einigermaßen saubergespült ist. Außerdem ist der Regen selbst oftmals mit schädlichen Stoffen angereichert. *Fluß- oder Bachwasser* wäre natürlich ideal, sofern es nicht verunreinigt ist.

Für alle natürlichen Wasserquellen gilt deshalb: sicherheitshalber analysieren lassen, man sieht dem Wasser nicht an, was in ihm steckt.

Wie in vielen anderen Bereichen spielt das Gleichgewicht im Teich eine wichtige Rolle. Hier bezieht es sich auf das Wasser und die vielfältigen in ihm lebenden Organismen. An einem neuangelegten Teich kann man sehr schön sehen, wie die Natur stufenweise dieses Gleichgewicht herstellt. Wir füllen das Becken mit Leitungswasser und setzen Pflanzen ein. Als erstes werden sich Schwebealgen entwickeln, sie ernähren

Seite 17. Oben links:
Die Farbpalette reicht beim Ogon von Schneeweiß über Zitronengelb bis zu Orange.
Oben rechts:
Gute Platinum Ogons sehen aus wie frisch lackiert.
Unten links:
Das Bild zeigt drei unterschiedliche Kohakus: Kuchibeni (Lippenstift) (links), Nidan Kohaku (Mitte) und Straight Hi (rechts).
Unten rechts:
Herrliche Utsuris. Ki-Utsuri (links), Hi-Utsuri (Mitte) und Shiro-Utsuri Ginrin (rechts).

sich von den im Wasser gelösten Mineralstoffen. Je nach Wetter breiten sie sich rasch oder langsamer aus. Wenn es warm und sonnig ist, können Sie mit rasantem Wachstum rechnen. Mittlerweile haben die Wasserpflanzen und die unschädlichen Fadenalgen angefangen zu treiben und verbrauchen ihrerseits Nährstoffe. Den Schwebealgen wird damit die Lebensgrundlage genommen. Sie sterben und sinken ab. Die Pflanzenreste werden am Teichgrund von aeroben Bakterien (Bakterien, die zum Leben Sauerstoff brauchen, auch Aerobier genannt) verarbeitet und umgewandelt in Kohlendioxid, Nitrat, Phosphat oder Sulfat. Den Pflanzen stehen nun wieder verwertbare Mineralien zur Verfügung. Die Bakterien benötigen für ihre Arbeit Sauerstoff, der wiederum von den Unter-

Seite 18
Oben links:
Dunkelblaue Spiegelschuppen auf himmelblauem Grund kennzeichnen den Shusui.
Oben rechts:
Aufgrund der stahlblauen Rückenfärbung ist der Asagi eher bescheiden und unscheinbar.
Unten links:
Der Taisho Sanke (dreifarbiger Koi) gehört in Deutschland zu den begehrtesten Kois. Exemplare von dieser Farbintensität sind allerdings sehr selten und dementsprechend kostbar.
Unten rechts:
Zwei Shiro Bekkos. Der rechte entspricht der vollbeschuppten »Urform«, der linke ist ein Shiro Bekko Doitsu mit Spiegelschuppen.

wasserpflanzen produziert wird. Das Gleichgewicht ist hergestellt. Das Wasser enthält genügend Sauerstoff, die Pflanzen haben sich üppig entwickelt. Alles ist in bester Ordnung und wir setzen unsere Fische ein. Eine Zeitlang geht alles gut. Dann setzt das Algenwachstum wieder ein, das Wasser wird trübe, die Wasserpflanzen kümmern, die Fische schnappen nach Luft und werden krank. Was ist geschehen?
Die eingesetzten Fische haben mehrere Veränderungen bewirkt. Sie verbrauchen zusätzlich Sauerstoff und produzieren zusätzliche Abfallstoffe, die von den Aerobiern zu Nährstoffen umgearbeitet und von den Pflanzen aufgenommen werden. Soweit ist der Kreislauf noch intakt. Wenn aber zu viele oder größere Fische in den Teich kommen und mehr Abfall- und somit Nährstoffe produziert werden, als die Pflanzen aufnehmen können, geschieht folgendes: Aufgrund des überreichen Nährstoffangebotes wachsen wieder Schwebealgen. Sie nehmen durch die Wassertrübung den Unterwasserpflanzen Licht weg, diese kümmern und produzieren nun weniger Sauerstoff. Gleichzeitig aber verbrauchen die Fische reichlich Sauerstoff, und die Aerobier am Teichgrund benötigen wesentlich mehr Sauerstoff, um größere Abfallmengen zu beseitigen. Irgendwann bricht die Sauerstoffversorgung am Teichgrund zusammen und eine andere Bakteriengruppe übernimmt die Arbeit der Aerobier: Die aneroben Bakterien, die ohne Sauerstoff auskommen. Diese erzeugen aber auch Methan, Schwefelwasserstoff und Ammoniak.

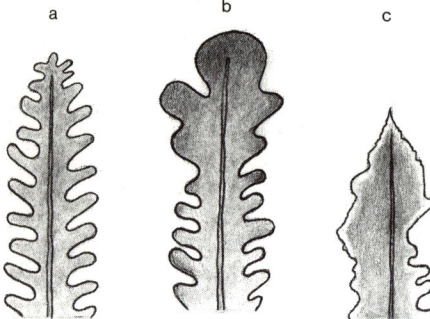

a   b   c

Einfluß hoher pH-Werte auf die Kiemen eines Koi: **a** Gesunde Kieme. Dank der großen Oberfläche kann der Fisch dem durchfließenden Wasser den Sauerstoff entnehmen. **b** Kiemenschwellung. Die Kieme ist leicht beschädigt, der Fisch tut sich schwer bei der Sauerstoffaufnahme. **c** Kiemennekrose. Das Kiemenepithel ist total zerstört. Der Fisch ist nicht mehr in der Lage, Sauerstoff aus dem Wasser aufzunehmen.

Der Teich »kippt um«. Diese Schilderung ist ein vereinfachtes Schema, erklärt aber die Vorgänge im Teich.
Bevor man die Kois einsetzt, ist es ratsam, die *Wasserqualität* zu überprüfen. Ideal dafür sind Indikatortropfen, die es im Zoofachhandel zu kaufen gibt. Für uns ist es am einfachsten, den pH-Wert zu kontrollieren. Der ideale pH-Wert ist 7–7,5, tolerierbar 6,5–8. Wenn allerdings der pH-Wert über 8–8,5 steigt, ist der Fisch **nicht** mehr in der Lage, den im Blut durch den Eiweißabbau gebildeten Ammoniak über die Kiemen an das Wasser abzugeben, und der Fisch vergiftet sich selbst. Das kann so weit gehen, daß die Kiemen total verätzt werden, so daß der Fisch nicht mehr atmen kann. Anhand der nebenstehenden Zeichnung können Sie im Vergleich sehen, welche verheerende Wirkung dieser Vorgang hat. Der Fisch scheidet Ammoniak über die Kiemen aus und befreit sich so von schädlichen Stoffen. Dazu kommen noch die festen Ausscheidungen. Wenn das biologische Gleichgewicht im Teich gestört ist, und die bakteriologische Selbstreinigung nicht mehr funktioniert, schwimmt der Fisch praktisch in einer Kloake. Sie können sich leicht vorstellen, wie nachteilig dies für das Wohlergehen der Fische ist. Wir haben mit unserem Teich eine kleine Welt geschaffen, die nur überleben kann, wenn wir für optimale Grundvoraussetzungen sorgen. Das heißt in bezug auf das Wasser: für gute Qualität sorgen, diese kontrollieren und im Bedarfsfall geeignete Maßnahmen ergreifen, um die Güte des Wassers zu erhalten oder zu verbessern.
Begleitende Sofortmaßnahme zu allen folgenden aufgeführten Lösungen: Erstmal das Füttern einstellen!! Das verringert die Belastung des Wassers und der Fische.
Wenn die Wasserqualität in Ihrem Teich nicht optimal ist, kann es an folgenden Ursachen liegen:

Ursache: Der Teich liegt zu sonnig.
Symptome: Algen vermehren sich zu stark, Fäulnis wird begünstigt, zwangsweise ist der Sauerstoffgehalt zu niedrig, besonders in heißen Schönwetterperioden. pH-Wert meist zu hoch.
Lösung: Den Teich schattieren, um

den pH-Wert abzusenken, für Sauerstoffzufuhr durch einen Oxydator sorgen, eine sparsame Fütterung sicherstellen.

Ursache: Der Fischbesatz ist zu groß.
Symptome: Am Teichgrund hat sich übelriechender schwarzer Schlamm gesammelt, das Wasser ist trübe, Algenwuchs nimmt zu, die Fische machen einen kränklichen Eindruck, schnappen nach Luft, immer wieder Auftreten von Parasiten. Offensichtlich ist das biologische Gleichgewicht gestört, Schadstoffe können bakteriell nicht mehr abgebaut werden, pH-, Ammoniak- und Nitrit-Werte zu hoch.
Lösung: Vorerst nicht füttern, als Sofortlösung ca. $1/3$ des Wassers durch Frischwasser austauschen, unbedingt für Sauerstoffzufuhr sorgen, als endgültige Lösung einen Filter anschaffen, damit sich auf Dauer das biologische Gleichgewicht wieder einpendeln kann. Bedenken Sie, daß die Fische ständig wachsen und mit zunehmender Größe mehr Abfallstoffe produzieren. Wenn Sie viele Kois halten wollen, ist eine Filterung auf Dauer unerläßlich.

Ursache: Trotz Filterung ist der Teich irgendwie »nicht in Ordnung«.
Symptome: Fische wirken krank, im Extremfall auffälliges Fischsterben, Pflanzen wachsen nicht und sterben ab.
Lösung: Hier gibt es mehrere Ursachen und demzufolge mehrere Lösungen.
Die erste Ursache kann sein, daß Ihr Teich mit einem Material ausgekleidet ist, das Giftstoffe freisetzt, z. B. eine Billigfolie aus minderwertigem Material. Da die Konzentration im Wasser mit der Zeit zunimmt, treten die Symptome nicht sofort auf. Da hilft nur eins: die alte Folie raus und eine neue einlegen. Wenn Sie sich schon die Arbeit machen müssen, überlegen Sie, ob es vielleicht sinnvoll ist, den Teich fischgerechter anzulegen. Die zweite Ursache kann ein Giftstoff sein, der mit dem Wasser eingeleitet wurde, z. B. verschmutztes Regenwasser, verseuchtes Grundwasser, etc. Wasser analysieren lassen und zum größten Teil gegen Leitungswasser austauschen. Der dritte Grund kann ein Giftstoff sein, der von außen in das Wasser eingeleitet wurde. Holzschutzmittel beinhalten oft Stoffe, die Fische schädigen. Die beliebten Bahnschwellen sind sehr giftig! Es gibt etliche Spritzmittel für den Garten, die sehr schädlich für Fische sind. Wenn bei windigem Wetter gespritzt wird, können leicht Partikel des Mittels in den Teich fliegen und ihn mehr oder minder vergiften. Verzichten Sie selbst auf diese harten Maßnahmen (viele haben auch schädigende Wirkung auf nützliche Insekten) und versuchen Sie, Gartenproblemen mit ungiftigen Mitteln zu begegnen. Versuchen Sie, auch Ihre Nachbarn zu überzeugen, daß biodynamisches Gärtnern hilft, unsere Umwelt zu schonen.
Eine weitere Möglichkeit ist die falsche Dosierung eines Medikaments, das Ihren Fischen dann nicht mehr hilft, sondern sie töten kann.
Bei allen diesen Ursachen ist eine Sofortmaßnahme angesagt: einen Großteil des Wassers gegen Leitungswasser

austauschen, um zu retten, was möglich ist. Unter Umständen müssen die Fische evakuiert werden, damit der Teich gereinigt werden kann und frisches sauberes Wasser eingefüllt wird (Wasseraufbereiter zugeben). Aber dies sind sehr extreme Maßnahmen, die nur in seltenen Fällen angewendet werden müssen. Die vier letzten Möglichkeiten kommen glücklicherweise ganz selten vor.

Pflanzen und Bodengrund

Der natürlichste Sauerstoffspender im Teich sind Unterwasserpflanzen. Sie wandeln mit Hilfe des Sonnenlichts die aufgenommenen Nährstoffe in einem komplizierten Verfahren, der Photosynthese, in verwertbare Energie um und geben dabei den überschüssigen Sauerstoff ab. Diesen Vorgang können Sie tagsüber gut beobachten. Besonders schön bei sonnigem Wetter zu sehen sind die zahlreichen aufsteigenden Sauerstoffbläschen. Nachts verbraucht die Pflanze wieder etwas Sauerstoff durch Atmung. In stark verkrauteten Teichen kann dies am frühen Morgen zu Sauerstoffmangel führen. Robuste Unterwasserpflanzen sind Wasserpest und Hornkraut. Sie sollten allerdings in Mengen gepflanzt werden (bis zu $\frac{1}{4}$ der Teichfläche), damit sie ihre Aufgabe erfüllen können. Pflanzen sind ein natürliches Regulativ im Teich, da sie dem Wasser überschüssige Nährstoffe entziehen, wie z. B. Phosphat, Kalk und Stickstoff. Den lästigen Algen ist somit die Lebensgrundlage genommen. Was den Pflanzen als Nahrung dient, kann für Ihre Fische schädlich sein, da die Nahrung in der Hauptsache aus den Abfallprodukten der Fische besteht. Sie sehen, der Kreis schließt sich. Des einen Leid, des anderen Freud.

Seerosen sind dekorativ und schattieren das Wasser, wenn der Teich zu sonnig liegen sollte. Hier gilt aber das gleiche wie für Schwimmpflanzen und Seichtwasserbepflanzung: es bleibt Ihren Gestaltungswünschen überlassen, wie Sie Ihren Teich ausstatten wollen. Eines läßt sich generell sagen, eine üppige Unterwasserbepflanzung kommt der Wasserqualität und den Kois zugute. Pflanzen sind wichtig als natürliches Nahrungsreservoir, da sie von vielen Kleinlebewesen bewohnt sind. Auch bieten sie den Fischen Schutz vor starker Sonneneinstrahlung, dienen als Laichplätze, als Versteck und Schutzzone für Jungfische. Außerdem mögen die Fische auch ab und zu etwas Grünfutter, aber keine Angst, Kois mögen in der Hauptsache tierische Nahrung.

Es ist sinnvoll, die Unterwasserpflanzen nicht in Lehm zu setzen, da die Kois gerne den Boden aufwühlen und so den Teich eintrüben. Wir haben grobe Kiesel genommen, die sehen hübsch aus und sind recht gut zu reinigen, falls der Teich einmal gesäubert werden muß. Grobe Kiesel sind vollkommen ausreichend als Bodengrund, da sie lediglich als Halt für die Pflanzen dienen.

Die Unterwasserpflanzen wachsen trotzdem sehr gut, da sie sich die Nährstoffe aus dem Wasser holen und sehr gut ohne Erde auskommen. Da Unterwasserpflanzen zum Wuchern neigen, sollte man keine Düngezugaben wie Spezialpflanzenerde oder gar Düngerstäbchen in den Teich geben. Man fördert damit nur den Algenwuchs.

Eine Sumpfbepflanzung kann man mit Steinen abteilen oder den Teich von vornherein so gestalten, daß diese Zonen nicht durchschwommen werden können. Sie bieten so auch Amphibien Schutz und Rückzugsmöglichkeiten. Seerosen setzt man in Körbe, die mit Ballentuch ausgekleidet sind und deren Erdoberfläche mit Kieseln bedeckt wird. Achten Sie darauf, daß Sie die Knospen freilassen, damit die Pflanze auch austreiben kann. Die Kiesel sollen lediglich verhindern, daß die Erde von den Fischen aufgewühlt wird.

Filter

Ob Sie einen Filter brauchen, ist abhängig von der Teichgröße und dem Fischbesatz. Anfangs, wenn die Anzahl der Fische nicht allzu groß ist, reicht es meist aus, für reichlich Unterwasserbepflanzung zu sorgen und eventuell einen Oxydator einzusetzen. Ein Oxydator reichert das Wasser auf osmotischem Weg mit Sauerstoff an und beschleunigt so auch den Abbau der Fischausscheidungen. Osmose bedeutet in dem Fall, daß sich das Wasserstoffsuperoxyd, mit dem der Oxydator gefüllt ist, langsam mit Wasser verbindet und dabei der Sauerstoff freigesetzt wird. Auf keinen Fall darf man Wasserstoffsuperoxyd in den Teich schütten, es ist ätzend!

Spätestens wenn Sie ein Koi-Fan geworden sind und Ihr Teich so bevölkert ist wie bei den meisten Koi-Freunden, wird es allerdings Zeit für einen Filter. Wenn Sie das Wasser regelmäßig kontrollieren, merken Sie, wann es sinnvoll wird, einen Filter einzusetzen. Beobachten Sie Ihre Fische gut. Wenn sie nicht mehr so munter wie gewohnt sind, kann es am Wasser liegen. Eine schlechte Wasserqualität fördert Krankheiten, das Aufkommen von Parasiten und schwächt den Fisch.

Wir haben mehrere Filterarten ausprobiert und sind zu dem Schluß gekommen, daß die effektivste Lösung für relativ wenig Aufwand ein Schwimmbadfilter ist. Fachleute und Händler für diese Art Filter gibt es überall. Sie sind leicht zu installieren und aufzustellen, die Kosten halten sich in Grenzen. Ein Vorteil dieser Filter liegt in der unproblematischen Handhabung. Sie sind meist mit Quarzsand gefüllt (Körnung 0,4 bis 0,8 mm), und die Füllung kann mittels eines Umstellventils saubergespült werden. Der Fachhändler wird Sie über Größe, Durchflußmenge und Pumpenstärke beraten. Sinnvoll ist es, eine Anlage zu wählen, die das Teichvolumen einmal in 1—2 Stunden durchfiltert.

Die Ansaugöffnung sollte am tiefsten Punkt des Teiches liegen, damit möglichst viel Schmutz angesaugt werden kann.

Da die Japaner seit ca. 50 Jahren farbige

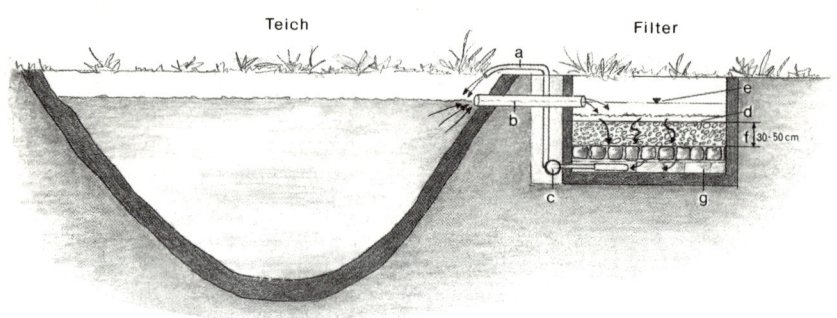

Kois in Zierteichen halten und große Erfahrung auf dem Gebiet haben, orientieren wir uns auch an der japanischen Technik des Teich- und Filterbaus. Das System ist logisch und einfach. Die Teiche sind so gestaltet, daß die Abfallstoffe nicht auf dem Grund liegenbleiben, sondern durch eine Art Abfluß an der tiefsten Stelle des trichterförmigen Teichbodens in das Filtersystem gelangen. Das verschmutzte Wasser wird durch eine oder mehrere Filterkammern geleitet, die mit Kieseln oder Lavagestein gefüllt sind. Zwischen diesen Steinstücken sitzen aerobe Bakterien, die normalerweise am Teichboden leben, wo sie die organische Substanz zersetzen. Da sich in diesem Filtersubstrat viel mehr Bakterien entwickeln und diese dort auch besser mit Sauerstoff versorgt sind als am Grund des Teiches, können sie optimale Arbeit leisten. Die Abfallstoffe werden umgesetzt in ungiftige Mineralien und sauberes Wasser. Das Klarwasser wird wieder zurück in den Teich geleitet. Wir finden dieses System deshalb so bestechend, da hier nichts anderes geschieht als in dem natürlichen »Selbstreinigungssystem« des Teichs, nur optimiert durch örtliche Verlagerung.

Da es dieses Filtersystem nicht fertig zu kaufen gibt, müssen wir zur Selbsthilfe greifen und selber bauen. Wir zeigen Ihnen zwei Anlagen in Schemazeichnungen und erläutern die Funktionsweise. Beim ersten System wird das Wasser mit einem Ablaufrohr nahe der Wasserober-

Auch an einen schon bestehenden Teich kann noch nachträglich eine Filteranlage angebaut werden. Ein guter Filter ist das wichtigste Element eines Koi-Teiches.

a) Einlaufrohr mit gereinigtem Wasser (sollte nicht direkt über dem Ablaufrohr liegen, besser gegenüber).
b) Ablaufrohr (Wasser fließt vom Teich in den Filter).
c) Pumpe
d) Schmutzwasser
e) Wasserspiegel in Ruhe (wenn kein Wasser in den Teich zurückgepumpt wird).
f) Kies (Körnung 2—8 mm)
g) gelochte Ziegelsteine

Unser Fischteich

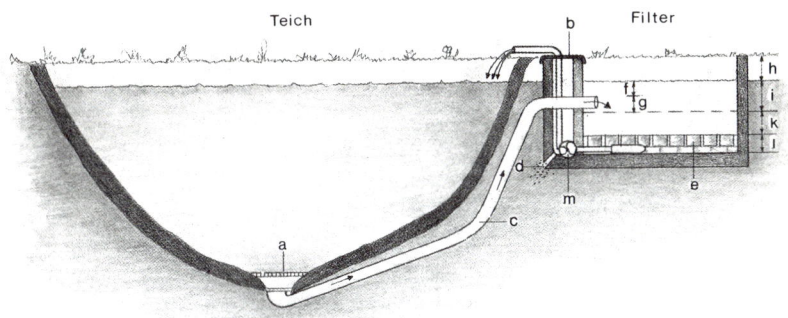

fläche waagrecht vom Teich in die Filterkammer geleitet. Das Granulat in der
Kammer liegt ca. 30 cm unter dem Wasserspiegel, so daß das Wasser selbsttä-
tig in die Filterkammer läuft. Die Kammer selbst besteht aus Beton und ist mit
einer 30—50 cm dicken Schicht Kiesel
(Körnung 2—8 mm) gefüllt. Unter den
Kieseln sind 2 Lagen gelochte Ziegelsteine geschichtet. In der untersten Lage werden die Steine in Längsreihen ge-
legt, im Abstand von ca. 12 cm. Darauf
die zweite Lage quer, dicht an dicht. Zwischen Ziegelsteine und Kiesschicht
kommt ein Gewebe (z. B. Mückengaze)
aus PVC, um zu verhindern, daß kleine
Steine zwischen die Ziegel rutschen. In
den Zwischenräumen der untersten Zie-
gelschicht sammelt sich das geklärte
Wasser und wird von hier mittels einer
Heizungspumpe zurück in den Teich geleitet. Die Pumpe muß in einem separa-
ten, trockenen Pumpenschacht untergebracht werden. Sie darf nicht mit dem
Wasser in Berührung kommen. Dieses
System kann auch nachträglich bei bestehenden Teichen eingebaut werden.

Bei einem optimal angelegten Koi-Teich wird
das Wasser an der tiefsten Stelle abgesaugt,
so daß jeglicher entstehende Schmutz sofort
in den Filter gelangt.
a) Absaugstelle, mit grobem Gitterrost abgedeckt.
b) Die Abdeckung der Pumpenkammer muß
wasserdicht sein.
c) Einlaufrohr zum Filter.
d) Sickerloch für eventuell entstehende
Feuchtigkeit.
e) Gelochte Ziegelsteine. Darauf liegt ein Gewebe aus PVC (grobe Fliegengaze), damit
kein Kies von der Pumpe angesaugt werden
kann.
f) ca. 20 cm
g) ca. 20—30 cm
h) ca. 30 cm
i) Dieser Raum füllt sich mit Wasser, wenn die
Pumpe abgestellt wird.
k) ca. 50 cm Kies, Körnung 2—8 mm
l) ca. 25 cm
m) Umwälzpumpe

Wenn Sie einen neuen Teich anlegen, ist das zweite System zu empfehlen. Hier wird das Schmutzwasser vom Teichboden weggeleitet. Das hat den Vorteil, daß sich kein Schlamm ansammeln kann. Der Abfluß kann mit einem Gitter abgedeckt werden, damit das Abflußrohr nicht so leicht durch abgesunkene Blätter o. ä. verstopft werden kann. Auch hier drückt sich das Wasser selbst in die Filterkammer und wird wiederum von dort in den Teich gepumpt.

Die Filterkammer sollte ausreichend groß dimensioniert sein und ca. 20% der Teichoberfläche betragen. Diese Anlage ist bereits in Betrieb und läuft seit über 2 Jahren wartungsfrei. Viele Aquarienfilter, die im Handel erhältlich sind, arbeiten nach dem gleichen Prinzip, wobei es sich meist um geschlossene Systeme handelt, die das Wasser durch das Granulat drücken. Das größte Problem bei handelsüblichen Aquarien- und Teichfiltern ist allerdings die Durchflußmenge. Sie reicht aus für kleinere Becken, aber nicht für größere Teiche.

Wir können natürlich nicht diesen oder jenen speziellen Filter empfehlen, zumal der Markt auch dieser Produkte expandiert und immer wieder etwas Neues angeboten wird.

Falls Sie spezielle Fragen in bezug auf Teichbau und Filtertechnik haben, können Sie sich gerne an das Autorenteam wenden. Diese haben über die Jahre viele Erfahrungen mit den diversen Teichbau- und Filtersystemen sammeln können (s. Seite 4, Bezugsquellen).

Kauf

Wo kaufe ich meinen Koi?

Kois gibt es zwar noch nicht an jeder Ecke, aber es gibt doch schon einige Zoofachhändler, die Kois anbieten.
Der Nishikigoi, wie der Koi in Japan genannt wird, ist sicherlich kein Allerweltsfisch, er kann je nach Güte einen enormen Wert erreichen. Gerade deshalb sollte man wissen, was man sich einhandelt.
Die meisten der im Zoofachhandel befindlichen Kois stammen aus Israel. Sie sind billiger als die japanischen, erreichen aber meist nicht deren Farbqualität und Robustheit. Es ist klar, daß Fische, die in einer warmen Gegend aufgewachsen sind, mit ganzjährigen Wassertemperaturen von 25–28 °C, Schwierigkeiten mit unserem Klima bekommen können, anfälliger für Krankheiten werden und schwieriger zu überwintern sind. Als Einstieg sind die preiswerten Kois ausreichend, aber wenn Sie einmal Feuer gefangen haben, werden Sie bald zwangsläufig japanische Kois wollen. Dann sollten Sie sich jedoch unbedingt an einen Fachhändler wenden.

Wie erkenne ich einen gesunden Fisch?

Als erstes am Händler. Schauen Sie sich genau an, wie die Fische gehalten werden. Sind die Becken sauber? Ist das Wasser klar? Sind die Fische unverletzt? Haben sie erkennbaren Pilzbefall? Sind die Flossen ausgefranst? Haben sie abstehende Schuppen oder Geschwüre? Einen Messerrücken oder gar Glotzaugen? Schwimmen sie »merkwürdig« taumelnd und in Schräglage? Sind gar tote Tiere im Becken? Dies alles sind Anzeichen für zum Teil sehr ernsthafte Krankheiten. Damit Sie besser erkennen können, was dem Fisch fehlt, behandeln wir die Krankheiten ausführlich in einem gesonderten Kapitel.
Ein verantwortungsvoller Händler wird nicht nur bemüht sein, bei guten Züchtern einzukaufen, er wird auch dafür Sorge tragen, daß die Fische optimal gepflegt werden.
Schauen Sie sich die Kois auf den Fotos an. Es sind gesunde, starke Tiere mit guter Färbung. Die Fische dürfen nicht blaß sein, keine Verletzungen zeigen und müssen munter schwimmen.

Dieser Fisch zeigt verschiedene Anzeichen von Krankheiten und Mängeln, wie ausgefranste Flossen, Pilzbefall und Geschwüre, auf die man beim Kauf achten sollte.

Anzahl, Alter und Geschlecht?

Außer der Gesundheit gibt es noch andere Kriterien beim Kauf. Kois sind verträgliche Schwarmfische. Wieviele Fische ich kaufe, hängt natürlich von der Größe des Teiches und seiner Ausstattung ab, wie Filter oder Frischwasserzulauf.
Bei einer Mindestgröße von 10 qm kann man ca. 8–10 Jungfische einsetzen. Wir setzen voraus, daß der Teich gut versorgt ist mit Unterwasserpflanzen und einem Oxydator. Wenn Sie einen guten Filter haben, können Sie einen wesentlich höheren Besatz an Kois unterbringen. Aber bedenken Sie, daß die Kois recht groß werden. Ein einjähriger Koi mißt etwa 10–12 cm, mit drei Jahren hat er meist 35 cm erreicht, und so geht es stetig aufwärts. Mit ca. 15 Jahren können sie eine Größe von 80 cm erreichen. Je besser die Kois gefüttert werden, desto größer und schwerer werden sie.
Ein Koi wird mit wachsendem Alter immer schöner. Allerdings auch teurer. Ein qualitativ guter, erwachsener Fisch ist ungefähr das Zwanzigfache wert wie ein Jährling. Prachtexemplare bringen es auf viele tausend DM.
Sie sehen, es ist nicht nur eine Sache des Geschmacks, sondern auch der Finanzen. Es kann einerseits schön und spannend sein, Jungfische zu kaufen und zu sehen, wie sie sich entwickeln. Andererseits sind Sie bei einem größeren Koi sicherer, was Farbe und Zeich-

Männchen

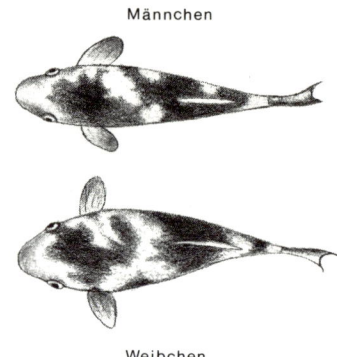

Weibchen

Weibliche und männliche Kois kann man daran unterscheiden, daß das Weibchen wesentlich fülliger ist.

nung betrifft. Deshalb sind diese auch wesentlich teurer. Bis er seine Kindheit überstanden hat, kann sich der Koi nämlich noch wesentlich ändern. Wir finden das nicht tragisch, im Gegenteil, man kann dabei die schönsten Überraschungen erleben. Das Geschlecht ist bei der Auswahl zweitrangig, da beide Farbe und Zeichnung haben. Der Unterschied liegt in der Körperform. Das Weibchen ist deutlich schwerer und runder. Allerdings erst im Erwachsenenalter von 3–4 Jahren. Ein Koi begleitet Sie bei guter Pflege durch Ihr ganzes Leben. Er kann nämlich das stolze Alter von 30–40 Jahren erreichen.

Transport und Einsetzen der Fische

Ein guter Händler wird Ihre Fische für den Transport nicht nur mit Wasser, sondern auch mit zusätzlichem Sauerstoff versorgen. So kann der Fisch bis zu 40 Stunden im Plastikbeutel unbeschadet überstehen. Das ist ganz wichtig! Achten Sie darauf. Sie werden meistens eine längere Strecke zurücklegen müssen, wenn Sie gute Kois kaufen wollen. Da müssen die Fische optimal versorgt sein.

Wenn Sie einen guten Händler haben, der weiter weg ist, und Sie die Fahrt scheuen, können Sie sich auch Kois per Bahnexpress schicken lassen. Es sollte aber gewährleistet sein, daß der Händler mit dem Versand von lebenden Tieren vertraut ist.

Wenn Ihr Koi nun bei Ihnen angelangt ist, schütten Sie ihn nicht gleich aus seinem Behältnis in den Teich. Der Temperaturunterschied könnte einen Schock bewirken. Das Tier steht schon durch den Transport unter Streß und muß vorsichtig an seine neue Umgebung gewöhnt werden. Wir legen den geschlossenen Beutel in das Wasser und lassen ihn dort für mindestens 30 Minuten schwimmen, damit sich die Temperatur im Beutel allmählich an die im Teich angleicht. Dann öffnen wir den Beutel und lassen vorsichtig und langsam Teichwasser einfließen. Lassen Sie sich Zeit. Dieser Vorgang sollte ungefähr 15 Minuten in Anspruch nehmen. Wenn der Beutel gefüllt ist, kann es losgehen. Der Neue darf losschwimmen.

Haltung

Kois sind leicht zu halten, wenn man einige Grundvoraussetzungen beachtet. Diese Karpfenart sieht exotisch aus, ist es aber nicht. Wie wir schon erzählten, liegt die Heimat der Tiere in einer klimatischen Zone, die in etwa der mitteleuropäischen entspricht. Das ist eine Vorbedingung für die Haltung im Freien.

Besondere Ansprüche

Der Koi ist nicht nur ein genügsames Tier, sondern auch recht anpassungsfähig. Aber alle Anpassung hat Grenzen. Wenn wir die Lebensbedingungen unter Wasser mit unseren auf dem Land vergleichen, so stellen wir fest, daß sie sich sehr ähnlich sind. Die chemische Formel für Wasser lautet H_2O. Das O steht für Sauerstoff. Womit klar wird, daß Fische wie wir Sauerstoff zum Atmen und überleben brauchen. Auch die Wasserpflanzen können wir in der Funktion mit den Landpflanzen vergleichen. Tagsüber produzieren sie den lebenswichtigen Sauerstoff. Die Qualität unserer Atemluft ist abhängig vom Sauerstoffgehalt und der Menge an Schadstoffen, die sie beinhalten kann. Genauso ist es im Wasser, das bei einer gewissen Schadstoffkonzentration schädlich bis tödlich wirken kann. Wir wissen, was passiert, wenn Smogalarm gegeben wird. Die Luft ist so schlecht, daß man sie möglichst nicht ungefiltert einatmen sollte. Unter Wasser gibt es zwar keinen Smogalarm, jedoch sind die Auswirkungen bei schlechtem Wasser auf den Organismus der Fische genauso schlimm wie bei uns, wenn wir zur Hauptverkehrszeit bei Inversionswetterlage in der Innenstadt spazierengehen. Das Wichtigste ist also: sauberes, sauerstoffreiches Wasser.

Mit unseren Temperaturen kommt der Koi sehr gut zurecht, da er im Winter Wassertemperaturen bis zu 4 °C und im Sommer bis zu 30 °C, sogar 35 °C erträgt. Das sind allerdings extreme Werte, an die er sich langsam gewöhnen muß und die nicht lange andauern sollten. Er verträgt also Wassertemperaturen wie der einheimische Karpfen. Der Koi kann durchaus im Teich überwintern. Es ist allerdings sinnvoll, die Eisdecke offen zu halten, damit eventuell entstehende Faulgase entweichen können. Stroh in den Teich zu stecken, damit er nicht zufriert, ist eine allgemein verbreitete Unsitte. Das Stroh verfault und belastet den Teich zusätzlich in gefährlichem Maße. Sinnvoller ist ein Teichheizer, der so reguliert werden kann, daß immer eine Öffnung im Eis bleibt.

Ein Oxydator ist sehr sinnvoll, damit der Sauerstoffgehalt des Wassers nicht zu stark absinkt. Die Kois halten bei niedrigen Temperaturen eine Art Winterschlaf, wobei die Körperfunktionen auf ein Minimum absinken. So schlägt in diesem Zustand das Herz nur noch 1—2mal pro Minute. Wenn es warm ist,

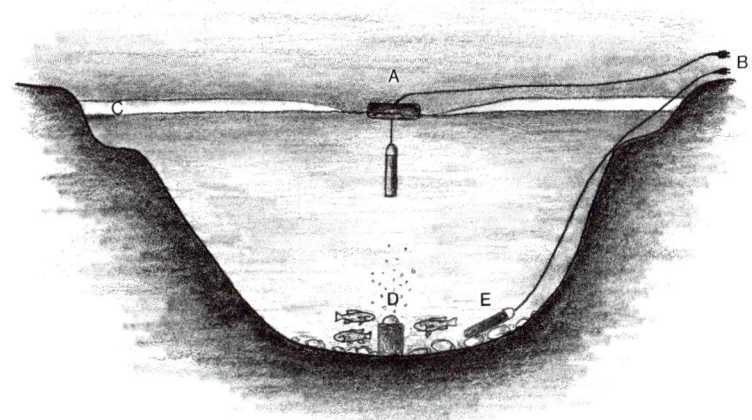

Dieser Gartenteich ist für den Winter optimal ausgerüstet:

A Ein Teichheizer mit Schwimmkörper hält ein Loch im Eis offen, damit entstehende Faulgase entweichen können.

B Stromanschluß

C Eisdecke

D Ein Oxydator an der tiefsten Stelle im Teich sorgt für eine gute Sauerstoffversorgung.

E Ein Teichheizer an derselben Stelle sorgt für eine ausreichende Mindesttemperatur.

steigt der Herzschlag auf 50—55mal pro Minute. Trotzdem sollten wir zusehen, daß die Fische auch in dieser Zeit optimal versorgt sind, da die Überwinterung die Tiere schwächt. Auf gar keinen Fall darf man die Eisdecke aufhacken, weil die Fische durch die Schallwellen stark geschädigt werden können. Außerdem werden sie unruhig und verbrauchen mehr Sauerstoff. Es ist besser, heißes Wasser auf das Eis zu schütten, bis ein Loch entstanden ist. Am besten ist es natürlich, man vermeidet das Zufrieren von vornherein. Trotzdem ist es nie ausgeschlossen, daß Kois während des Winters sterben. Das kann verschiedene Ursachen haben:

Ursache:
Der Teich ist zu klein und flach, und das Wasser gefriert zu tief durch.

Abhilfe:
Den Teich mit Schilfmatten oder Brettern abdecken. Einen Teichheizer auf den Grund legen und einen Oxydator einsetzen.

Ursache:
Der Teich ist zu schlammig und entwickelt viel Faulgas.

Abhilfe:
Ebenfalls den Teich abdecken (verhindert Eisbildung) und je nach Größe des Teiches einen oder mehrere Oxydatoren einsetzen. Den Teich im Frühjahr reinigen, noch besser im Herbst, nach dem Laubfall, da die Fische zu dieser Zeit am kräftigsten sind.

Es ist angebracht, den Teich zu säubern, wenn der Schlamm dicker als 3—4 cm ist und faulig riecht.

Ursache:
Die Fische sind zu schwach.
Abhilfe:
Im Herbst gut füttern, damit sie Kraftreserven sammeln können. Auch im Winter, wenn die Temperaturen ansteigen und die Fische schwimmen, gutes Konditionsfutter geben.

Ursache:
Die Kois sind von Parasiten befallen.
Abhilfe:
Wenn die Fische sehr schwach sind, kann es bei einer Behandlung im Teich während des Winters zu Ausfällen kommen. Unter Umständen Kois ins Haus holen und mit schwacher Dosierung behandeln. Gutes Konditionsfutter geben. Grundsätzlich jeden Herbst auf Parasitenbefall kontrollieren.

Zusammenfassend kann man sagen, die Grundvoraussetzungen für eine gute Überwinterung im Freien sind:
● ein sauberer Teich, der das Wasser nicht zusätzlich durch schwarzen Faulschlamm belastet,
● eine Öffnung in der Eisdecke, damit eventuell entstehende Faulgase entweichen können,
● eine zusätzliche Sauerstoffversorgung durch einen Oxydator
● und natürlich gesunde, parasitenfreie, gut herausgefütterte Fische.

Sollten Sie Zweifel haben, daß Ihre wertvollen Tiere in Ihrem Teich überwintern können, holen Sie sie ins Haus. Sie brauchen ein ausreichend dimensioniertes Becken in einem vorzugsweise abgedunkelten, kühlen Raum. Das Becken kann eine Fertigkonstruktion sein, wie z. B. eine große Regentonne oder ähnliches. Ein großes Kinderschwimmbecken (Durchmesser ca. 1,50 m) ist auch eine praktikable Lösung. Achten Sie aber darauf, daß die Fische nicht herausspringen können, sonst kann es herbe Verluste geben. Das Becken mit einem Vogelnetz abdecken.
Sie können auch eine stabile Holzkonstruktion bauen und diese mit einer starken Teichfolie auskleiden. Man nimmt für die Wände am besten ca. 30 mm starke genutete Fußbodendielen, die

Ein praktisches Überwinterungsbecken aus Nut- und Federbrettern, mit Teichfolie ausgekleidet.

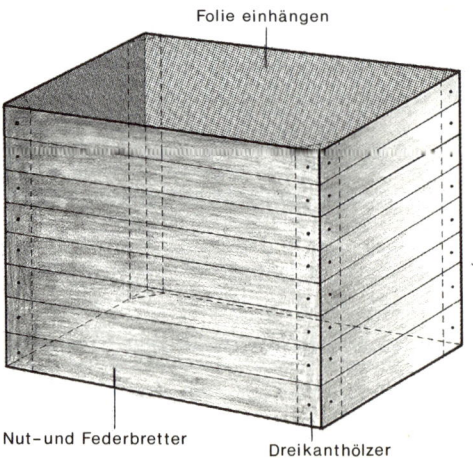

Folie einhängen

Nut-und Federbretter

Dreikanthölzer

Haltung

dem Kasten genügend Stabilität verleihen und sich nicht so einfach verziehen. Als Eckpfosten nimmt man einen dreikantigen Balken, an dem die Bretterenden verschraubt werden. Bedenken Sie aber, daß der Kasten stabil sein muß, da er einen ziemlichen Wasserdruck auszuhalten hat! Sollten Sie sich den Eigenbau nicht zutrauen, wird jeder Möbelschreiner Ihnen weiterhelfen können. Wenn die Fische nur im Winter im Haus gehalten werden, sind Behälter, die man demontieren oder zusammenklappen kann, sicher am sinnvollsten. Sie nehmen in der wärmeren Jahreszeit, wenn die Fische im Freien sind, nicht allzuviel Raum ein. Wenn Sie die Fische ganzjährig im Haus halten wollen, ist ein gemauertes Becken die bessere Lösung. Es gibt sehr attraktive Gestaltungsmöglich-

Ein Teich im Wintergarten ist sicher die attraktivste Möglichkeit, seine Kois zu genießen.

keiten, die Kois z. B. im Wintergarten, Gewächshaus oder Wohnzimmer unterzubringen. Sie können dann die Kois das ganze Jahr beobachten und als echte Haustiere halten.
Welche Möglichkeit Sie auch wählen, es ist wichtig dabei zu beachten, daß der Abstand zwischen Wasseroberfläche und Beckenrand ca. 40 cm beträgt, da die Kois gute Springer sind. Zur Sicherheit kann man das Becken mit einem Vogelnetz abdecken. Sehr wichtig ist die Installation eines Filters. Sie können einen großen Aquarienfilter nehmen, wenn Sie einen mobilen Schwimmbadfilter haben, können Sie den auch im

Felsplatten

Sitzkissen

Ein Koiteich im Wohnzimmer. Das Wasser fließt über in die Mauer eingesetzte Felsplatten ins Becken. Sitzkissen laden zum Beobachten der Fische ein.

Haus verwenden. Die Fische halten im Haus, bedingt durch die höheren Temperaturen, keine richtige Winterruhe. Deshalb müssen sie auch gefüttert werden. Das Wasser würde sehr schnell verschmutzen und unbrauchbar werden, wenn wir nicht filtern.

Ein Becken im Haus hat noch weitere Vorteile: Wenn Sie den Teich reinigen oder gar desinfizieren müssen, haben Sie gleich eine gute Unterkunft für die Kois, in der sie genügend Raum finden. Wenn Sie einzelne Fische medikamentös behandeln müssen oder sie einige Tage beobachten wollen, weil sie krank sind, haben Sie gleich die perfekte Krankenstation.

Seite 35. Oben links:
Kujyakus sind sehr unterschiedlich in der Färbung. Hauptmerkmale sind der glänzende Kopf und die glänzenden Flossen.
Oben rechts:
Doitsus sind schuppenlos oder tragen eine Schuppenzeile am Rücken und an der Seite entlang.
Unten links:
Beim Showa Sanshoku ist die Grundfärbung schwarz und die Zeichnung weiß/rot.
Unten rechts:
Kois mit Glitzerschuppen am Rücken tragen den Beinamen »Ginrin«: Ginrin Kohaku (links), Shiro Utsuri Ginrin (2. v. links), Ginrin Ogon (2. v. rechts) und Ginrin Platinum (rechts).
Seite 36 oben:
Kois können so zutraulich werden, daß sie einem das Futter direkt aus der Hand fressen und sich sogar streicheln lassen.
Unten:
Kois kann man sehr gut mit Goldfischen, Goldorfen oder anderen Teichfischen zusammen halten!

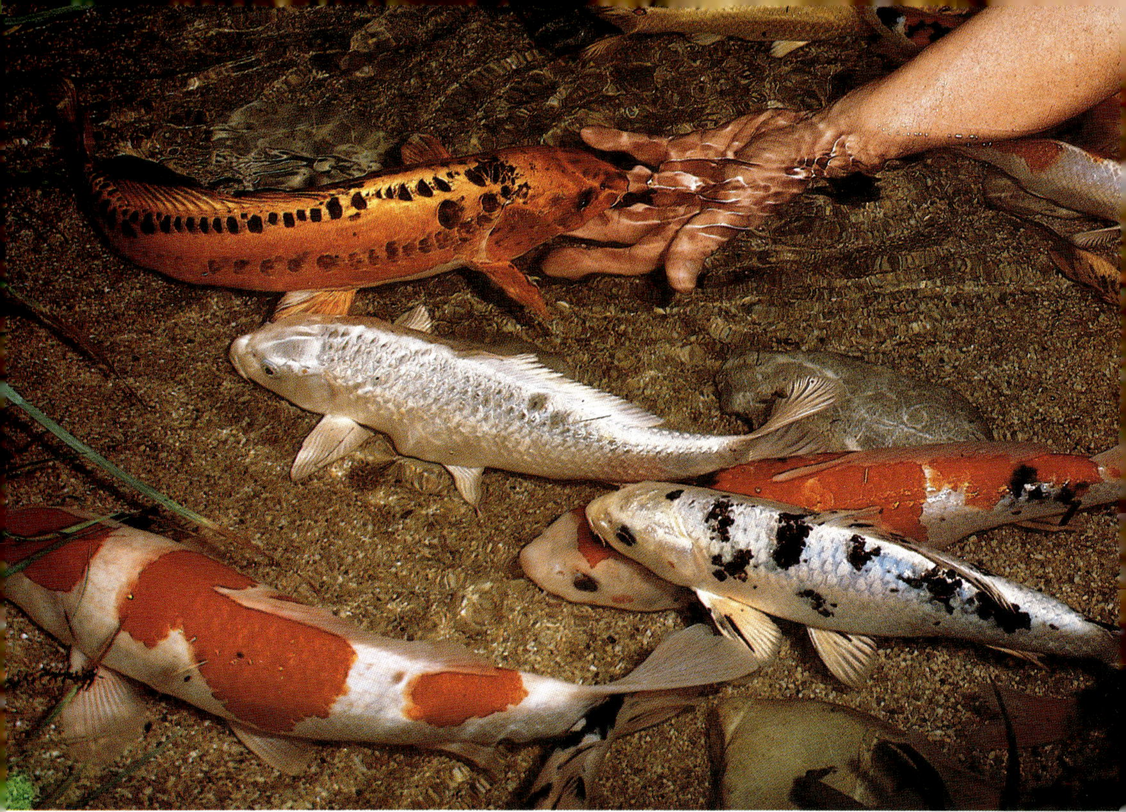

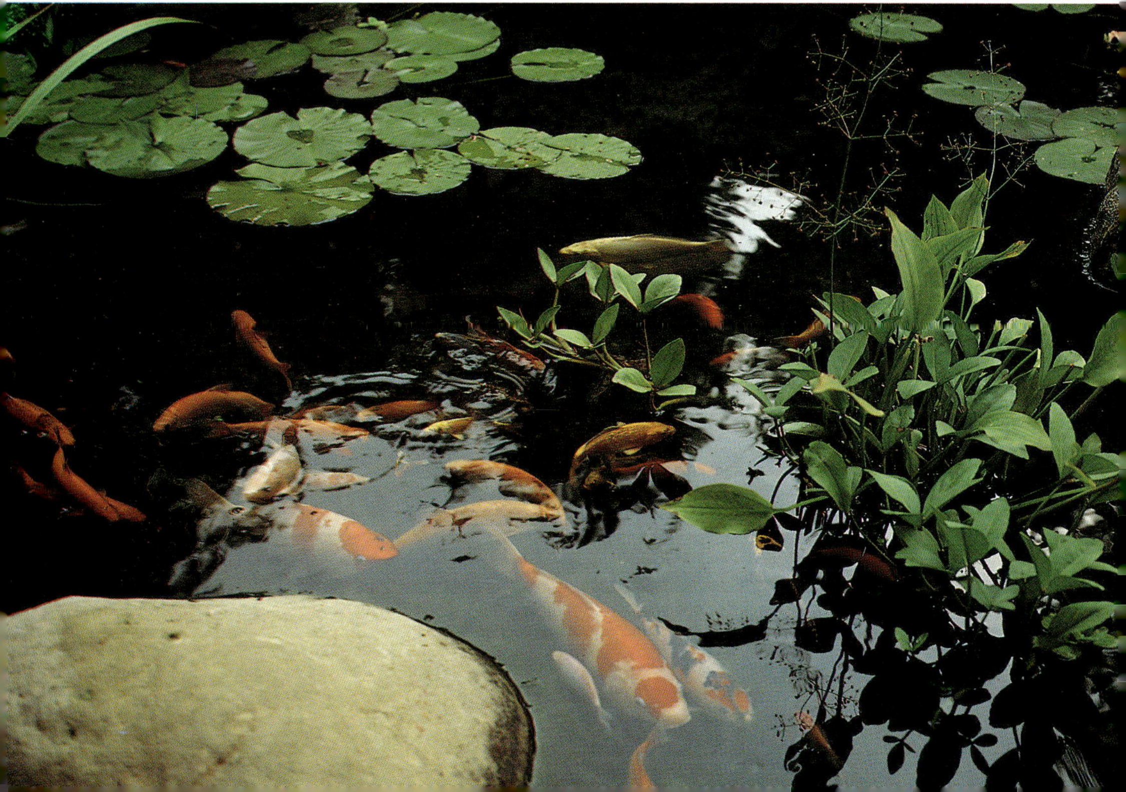

Was tun im Urlaub?

Das Schöne an Fischen ist, daß man sie im Urlaub auch mal sich selbst überlassen kann. Es kommt natürlich darauf an, wie lange Sie Urlaub machen. Vollkommen unproblematisch sind 2—3 Wochen. Wenn Sie länger abwesend sind, kann es sinnvoll sein, einen »Pfleger« zu beauftragen. Da Sie selbst wissen, was Ihre Kois und der Teich an Pflege und Aufmerksamkeit brauchen, wird es für Sie einfach sein, Ihre Vertretung über Fütterung und eventuelle Wartung des Filters zu informieren.

Es kann sinnvoll sein, die Futterportionen für jeden Tag vorzubereiten, da von Laien erfahrungsgemäß meist zuviel gefüttert wird.

Pflege und Wartung

Fische selbst brauchen relativ wenig Pflege. Man braucht sie nicht zu bürsten und zu striegeln, keine Schnäbel, Nägel oder Hufe zu pflegen, man sollte sie nur beobachten, ob sie sich normal verhalten. Normal heißt in dem Fall: munter

Seite 37:
Tancho Sanke. »Rotkäppchen« werden als »Tancho« bezeichnet. Solche Exemplare sind sehr selten.
Seite 38:
Japanische Teichanlage

wie ein Fisch im Wasser. Wird ein Fisch in irgendeiner Form auffällig, sondert er sich ab, steht still in irgendeiner Ecke, dann kann er krank sein oder von Parasiten geplagt werden. Wir werden auf dieses Thema ausführlich im Kapitel Fisch- und Teichkrankheiten eingehen. Meistens sind die Gründe am Teich selbst zu suchen.

Wir haben bereits geschildert, welche Mindestanforderungen an einen Teich zu stellen sind, und wir sollten hin und wieder überprüfen, ob die Bedingungen für die Fische noch ausreichend sind. Im Herbst kann es sinnvoll sein, den Teich von Schlamm zu befreien und zu reinigen. Die beste Zeit dafür ist unmittelbar nach dem Blattfall. Die Fische sind dann am kräftigsten und überstehen den Streß des Einfangens und den Umzug am besten. Ein Becken im Haus ist natürlich eine große Erleichterung, da Sie sich für den Großputz genügend Zeit nehmen können und die Kois nicht überstrapaziert werden. Unter Umständen ist es notwendig, den Teich zu desinfizieren, wenn wir Parasiten finden. Bevor die Fische überwintern, sollte man sichergehen, daß sie frei von Schmarotzern sind, wie z. B. Fischegel und Karpfenlaus. Die Tiere könnten sonst so geschwächt werden, daß sie den Winter nicht überstehen.

Um den Teich zu säubern, lassen wir zuerst einen Teil des Wassers ab, damit die Fische besser eingefangen werden können. Sie werden in Regentonnen o. ä. untergebracht, die wir mit Teichwasser gefüllt haben. Sollen sie im Haus bleiben, kommen sie in ihr Winterquar-

Futterplatz

Wenn sich einzelne Fische vom Schwarm absondern, ist dies meist ein Anzeichen dafür, daß irgend etwas nicht stimmt.

tier, das ebenfalls mit Teichwasser gefüllt wird. Kein pures Leitungswasser nehmen! Ist das Teichwasser von minderer Qualität, etwa ein Drittel Teichwasser in das Becken geben, den Rest mit Leitungswasser auffüllen (Wasseraufbereiter wie z. B. »aquateich« verwenden). Wenn wir ursprünglich Lehm in den Teich eingebracht haben, sollte dieser mit der Schlammschicht entfernt werden. Statt dessen bringen wir eine Schicht dicker Kiesel auf, in der die Unterwasserpflanzen problemlos wachsen. Sumpfige Uferzonen können mit Natursteinen oder Ziegelsteinen abgegrenzt werden, damit die Kois nicht hineinschwimmen können. Seerosen setzen wir, wie bereits beschrieben, in Körbe. Um den Teich zu reinigen, nehmen wir auf keinen Fall irgendwelche Haushaltsreiniger. Sie sind giftig und zerstören die wichtigen Kleinstlebewesen im Teich.

Normalerweise pumpen wir nur das restliche Wasser ab und entfernen den Schlamm mit Schaufel, Schüssel etc. Vorsicht mit scharfen Gegenständen, damit Sie die Folie nicht verletzen. Nun füllen wir wieder Wasser ein, je mehr von dem ursprünglichen Teichwasser, desto besser. Allerdings nur, wenn es in Ordnung ist. Nun werden die Fische mit dem Wasser, in dem sie schwimmen, behutsam wieder eingesetzt. Das fehlende Wasser wird langsam mit Leitungswasser ergänzt. Unter Umständen werden jetzt spezielle (und keine anderen!) Desinfektionsmittel beigegeben, um gegebenenfalls Parasitenbefall zu bekämpfen. Dies muß in peinlich genauer Dosierung und genau nach Anleitung geschehen (siehe Kapitel Krankheiten). Um den Teich im Herbst vor Laub zu schützen, spannen wir ein engmaschiges Vogelnetz über die Teichfläche. Die

Blätter können dann nicht in das Wasser fallen und den Teich verunreinigen. Trockenes Schilf oder verwelkte Gräser kann man abschneiden, aber es schadet nicht, wenn sie stehenbleiben. Mit Rauhreif bedecktes Schilf sieht sehr hübsch aus.

Im Winter sollte der Teich mit Brettern, Schilfmatten o. ä. abgedeckt werden, damit keine Eisdecke entsteht und Faulgase entweichen können. Ist dies nicht möglich, stehen die Fische vom Grund auf, schwimmen unruhig umher, verbrauchen viel Sauerstoff und werden gleichzeitig vergiftet. Die Körperfunktionen der Tiere sind zwar auf ein Minimum herabgesetzt, aber der Organismus verbraucht Energie, wenn auch deutlich weniger als zur warmen Jahreszeit. Dafür fressen die Tiere aber kaum etwas und müssen von ihren Reserven zehren. Deshalb ist es wichtig, den Kois hochwertiges Futter anzubieten, wenn im Winter eine wärmere Periode kommt, das Eis taut und die Fische schwimmen. Wenn die Tiere im Haus überwintern, müssen sie natürlich auch hin und wieder gefüttert werden. Die Menge richtet sich nach der Temperatur und der Anzahl der Fische. Im Frühjahr, wenn die Kois mit zunehmender Wärme munterer werden, sollte hochwertiges Kraftfutter gegeben werden, damit sie sich rasch von der strapaziösen Überwinterung erholen. Nach dem Winter befindet sich praktisch keine Naturnahrung im Teich, so daß die Kois ihren Bedarf ausschließlich mit dem Futter decken können.

Sie werden jetzt ein wenig verunsichert sein, was Sie mit den Fischen im Winter machen sollen, ins Haus nehmen oder draußen lassen? Die Entscheidung darüber kann eigentlich nur individuell getroffen werden. Wenn die Kois gesund und kräftig sind, und der Teich alle Voraussetzungen für eine gefahrlose Überwinterung bietet, d. h. ausreichende Größe und Tiefe, Sauerstoffversorgung, evtl. Heizung und möglichst wenig Schlamm, können Sie sie draußen lassen. Sie können sicherheitshalber noch einen zweiten Teichheizer nahe dem Grund einsetzen, der das Wasser konstant auf 5—7 °C hält. Dann brauchen Sie sich keine Sorgen zu machen.

Wenn die Kois im Herbst allerdings einen schwächlichen und kranken Eindruck machen, kann es besser sein, die Tiere im Haus zu versorgen, wo man sie unter Umständen auch medikamentös behandelt und gut füttert.

Der Winter bringt immer Risiken mit sich, da man vorher nie weiß, wie sich das Wetter entwickeln wird. Es gibt Winter mit außergewöhnlich langen Frostperioden, denen auch viele einheimische Fische in der Natur zum Opfer fallen. Dann kann es natürlich auch bei guter Vorsorge im Koiteich zu Ausfällen kommen. Eine 100prozentige Sicherheit gibt es da nie. Wenn Sie teure und wertvolle Kois haben, werden Sie deshalb wahrscheinlich die Fische im Haus überwintern, um dem Risiko vorzubeugen.

In der warmen Jahreszeit sollten Sie das Wasser hin und wieder kontrollieren, ob es noch in Ordnung ist (siehe Kapitel Wasser). Wenn permanente Schwierigkeiten auftreten, müssen unter Umständen grundlegende Umstrukturierungen am Teich vorgenommen werden. Das alles hört sich sehr aufwendig, teuer und nach sehr viel Arbeit an. Aber zum einen nehmen wir mit der Haltung von Tieren eine gewisse Verantwortung auf uns, die man ernst nehmen sollte. Zum anderen ist die Koihaltung nicht problematisch, wenn man den Teich sinnvoll einrichtet. Wir haben es immer wieder erlebt, daß Besitzer von Kois anfangs ständig Schwierigkeiten mit den Fischen hatten, weil sie nicht bedachten, daß der Koi andere Ansprüche hat als z. B. ein Kleinfisch wie Moderlieschen oder Elritzen. Nach der Umgestaltung des Teiches, Einsatz von Filter etc. hörten die Probleme schlagartig auf. Ein Fischteich muß anderen Bedürfnissen gerecht werden als ein Teich, in dem wir ausschließlich Pflanzen und Amphibien halten.

Aber der Einsatz lohnt sich und wird uns vielfach vergolten durch die Freude, die wir an den Kois haben.

Das Haustier Koi

Kois sind die zutraulichsten und zahmsten Fische, die wir kennen. Wenn sie sich erst einmal eingewöhnt haben, wird es Ihnen nach kurzer Zeit gelingen, Ihre Kois mit der Hand zu füttern. Sie werden sofort zu Ihnen schwimmen, sobald Sie am Teichrand auftauchen. Sie werden laut schmatzend die Köpfe aus dem

Kois werden so zutraulich, daß sie das Futter aus der Hand fressen.

Haltung

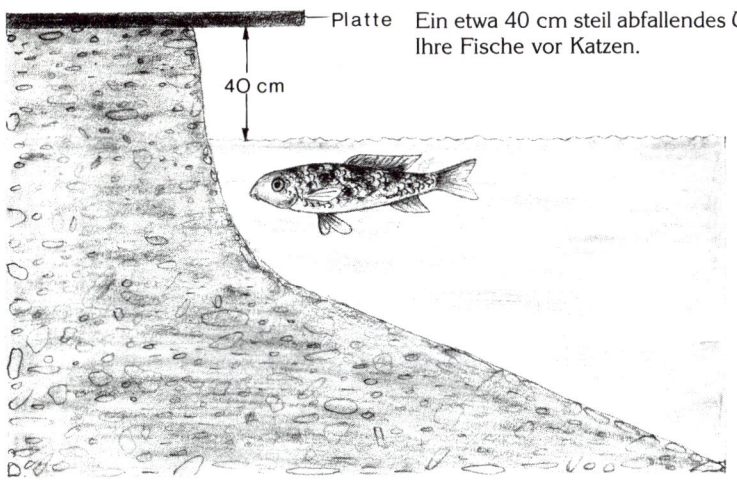

Platte

Ein etwa 40 cm steil abfallendes Ufer schützt Ihre Fische vor Katzen.

40 cm

Wasser recken und um Futter betteln. Selbst wenn Sie kein Futter in der Hand halten, werden die Kois an Ihren Fingern knabbern und lutschen und sie werden sich streicheln lassen, wenn sie Sie gut genug kennen. Keine Angst, Kois haben keine Zähne und können Sie nicht verletzen. Wir sehen immer wieder erstaunte Gesichter, wenn wir demonstrieren, wie zahm unsere Kois sind.

Nicht umsonst ist der Koi in Ländern, in denen er bekannt ist, so populär. Er ist nicht einfach ein Fisch, er wird zum Familienmitglied. Jeder Koi hat unterschiedliche Wesenszüge, Sie werden sicherlich bald einen Favoriten haben, der Ihnen ganz besonders viel Spaß macht. Besitzer von Kois haben oft ein ganz persönliches Verhältnis zu Ihren Fischen, nicht nur weil sie so schön sind.

Kois sind richtige Haustiere und der Umgang mit ihnen macht sehr viel Freude. Allerdings bereitete mir diese Zutraulichkeit auch einige Sorgen. Ich (die Autorin) liebe nicht nur Kois, sondern auch Katzen. Meine Katzen hatten sichtlich Freude am Beobachten der Fische, und lange Zeit geschah auch nichts weiter. Bis ich eines Tages einen Jungfisch vermißte. Die Woche darauf fehlte wieder einer. Offensichtlich war ein vierbeiniger Fischer am Werk. Lange Zeit hatte ich einen dicken Nachbarkater in Verdacht. Doch dann verschwand mein Lieblingskoi, ein wunderschöner platinfarbener Ogon, der zudem auch noch sehr wertvoll war. Ich fand im Keller nur noch zwei Kiemendeckel und die Schwanzflosse. Der Übeltäter war mein Kater Felix, der Fisch über alles liebt, allerdings auf eine

43

Katzen lieben keine nassen Füße! Eine Seichtwasserzone, in welche die Fische nicht hineingelangen können, ist ein guter Schutz gegen alle samtpfotigen Räuber. Die mit »X« bezeichneten Steine müssen aber rund 1 cm von Wasser bedeckt sein.

andere Art und Weise als ich. Ich muß gestehen, im ersten Moment war ich fürchterlich wütend. Aber mir war klar, daß es keinen Sinn hat, eine Katze dafür zu bestrafen, daß sie ihrem natürlichen Trieb gehorcht. Ich machte den Teich katzensicher und das Verschwinden der Kois hörte auf. Ein katzensicherer Teich muß so beschaffen sein, daß eine Katze nicht ohne weiteres an die Fische herankommen kann. Flachwasserzonen grenzt man mit Steinen so ab, daß höchstens noch die Fischbrut hineinschwimmen kann, so daß die Katzen nasse Füße bekommen, wenn sie fischen gehen

wollen. Das mögen Katzen bis auf seltene Ausnahmen gar nicht. Wenn der Rand steil abfallend ist, sollte das Niveau hoch genug über dem Wasserspiegel sein, damit die Katze nicht mit der Pfote ins Wasser langen kann. 40 cm dürften ausreichen. Wenn die Katze ins Wasser fällt, hat sie nur noch eins im Sinn: so schnell wie möglich an Land! Also, werfen Sie nicht mit Steinen nach Katzen. Wenn Sie ein Tierfreund sind, werden Sie nach kurzem Überlegen die Möglichkeit einer friedlichen Koexistenz schaffen können.

Futter

Kois sind Allesfresser. Sie brauchen sowohl tierische als auch pflanzliche Kost. Sie mögen Rindfleisch, Huhn, Fischfleisch, Krabben, Krebse, Brot, Semmeln, Getreide, Wasserflöhe, alle möglichen Arten von Insekten, Würmer etc. Sollten keine Unterwasserpflanzen in Ihrem Teich sein, ist es ratsam, hin und wieder Salat, Wassermelonen, Wasserpest oder ähnliches zuzufüttern. Lassen Sie sich aber durch die Vielfalt dieses Speisezettels nicht dazu verleiten, den Kois individuelle Menüs zusammenzustellen, Reste Ihres Essens oder gar Küchenabfälle zu geben. Ein gutes Koifutter muß ein ausgewogenes Verhältnis an Nährstoffen, Vitaminen, Mineralien und Spurenelementen aufweisen. Sie erreichen diese Vielfalt nicht, indem Sie alle aufgezählten Nahrungsmittel in den Teich werfen. Die Nahrung muß noch aufbereitet werden, um die notwendige Ausgewogenheit zu erreichen. Diese Arbeit kann man sich sparen, indem man ein gutes Fertigfutter verwendet. Sie können den Kois als Leckerbissen hin und wieder einen Regenwurm, Raupen, Wasserflöhe und Mückenlarven zukommen lassen. Auch ab und zu ein Stück Brot schadet nicht. Als einzige Nahrung ist es nicht geeignet.

Wir selbst geben den Kois ein sehr gutes, getestetes Fertigfutter, wie es in Zuchtbetrieben verwendet wird.

Viele im Handel erhältlichen Fischfuttersorten sind nicht empfehlenswert für Ihre Kois, da sie nicht genügend Nährstoffe besitzen. Kois wachsen rasch und werden im Vergleich zu den sonst üblichen Zierfischen für den Gartenteich recht groß. Deswegen sollte man auch ihren Bedarf an hochwertiger Nahrung berücksichtigen.

Futterplatz

Es ist ratsam, die Fische an einen festen Futterplatz zu gewöhnen. Dieser sollte etwas flacher sein, damit man ihn hin und wieder reinigen kann. Hier können die Kois auch gut beobachtet und kontrolliert werden. Außerdem werden die Kois wissen, daß an dieser Stelle Futter zu suchen ist, und es werden nicht so viele Reste übrigbleiben, die das Wasser verunreinigen. Der Platz sollte für Sie bequem zu erreichen und so beschaffen sein, daß Sie ihn bei jedem Wetter betreten können. Das ist auch deswegen sinnvoll, falls Sie einen Fisch aus dem Wasser holen müssen, um ihn z. B. von Parasiten zu befreien. Wenn Sie sich ausreichend mit den Tieren beschäftigen, werden sie so zutraulich, daß Sie sie mit den Händen aus dem Wasser nehmen können. Sie haben auch eine bessere Kontrolle über die Futtermenge, die vertilgt wird. Wenn Sie das Futter einfach überall im Teich verstreuen, wissen Sie nicht mehr, wieviel gefressen wird und wieviel versinkt und verrottet und das Wasser belastet und schädigt.

Futtermenge

Wieviel gefüttert wird, ist abhängig von der Temperatur, der Größe und der Anzahl der Fische. Im Sommer werden die Fische den größten Futterbedarf haben. Kois sollen nicht mager sein, sondern der Körper sollte rundlich aussehen. Schauen Sie sich die Fotos an. Sind Ihre Fische im Vergleich dazu dünn, brauchen sie mehr oder anderes Futter, oder sie sind nicht gesund.
Vergessen Sie nicht, daß die Verdauungsorgane der Fische anders beschaffen sind als unsere. Kois können nicht so viel Futter auf einmal zu sich nehmen. Sie müssen unter Umständen mehrmals täglich gefüttert werden. Wenn sie etwa eine viertel Stunde pro Tag gefüttert werden, ist das ausreichend. Ab und zu ein Fastentag schadet nicht, denn trotz des Nahrungsbedarfs dürfen Kois nicht überfüttert werden. Das bekommt keinem Fisch. Bei sinkenden Temperaturen sinkt auch der Bedarf der Fische.
Die letzten warmen Wochen im Herbst sollte man dazu nutzen, den Kois ein gutes Konditionsfutter zu verabreichen, damit sie kräftig in den Winter gehen. Füttern Sie aber nie mehr, als die Fische wirklich fressen. Nichts ist schlimmer für einen Teich als faulendes Futter.
Werfen Sie das Futter nicht einfach mit vollen Händen in das Wasser, sondern geben Sie es den Fischen körnchenweise. Halten Sie ein Futterkorn mit den Fingern ins Wasser. Wenn die Kois Hunger haben, werden sie es Ihnen bald aus der Hand nehmen und schnell zahm werden. Sie haben viel Spaß daran und es gibt keine verwesenden Futterreste.

Welches Futter ist geeignet?

Das übliche Goldfisch- oder Teichfischfutter ist nicht geeignet. Am besten ist ein Kraftfutter in folgender Zusammensetzung:
Rohprotein 35—38%
Lysin 2—3%
Rohfett 7—12%
Rohfaser 1,5—3%
Rohasche 12—16%
Das Futter gibt es in verschiedenen Korngrößen. Für kleine Fische nimmt man das kleinere Korn, die größeren mögen lieber das gröbere. Es gibt sinkendes Futter und schwimmendes. Das schwimmende hat den Vorteil, daß Sie die Kois bei der Nahrungsaufnahme besser sehen können, außerdem können Sie besser kontrollieren, wieviel gefressen wird. Das sinkende Futter wird oftmals bei kühleren Temperaturen von den Kois bevorzugt.
Wenn Sie eine Raupenplage im Garten haben, spritzen Sie kein Gift, sammeln Sie lieber die Raupen ein und verfüttern sie an die Kois. Mit Giften wie Insektiziden sollten Sie sowieso äußerst vorsichtig am Teich sein. Fische reagieren sehr empfindlich auf diese Gifte. Bedenken Sie, daß der Wind Partikel in den Teich wehen kann, selbst wenn Sie nicht in unmittelbarer Nähe spritzen. Natürlich

kommen auch Insekten, die mit Gift in Berührung gekommen sind, nicht für die Fütterung in Frage. Überlegen Sie, ob es notwendig ist, jedes Insekt im Garten zu töten. Es gibt zum einen viele Nützlinge, zum anderen Schmetterlingsarten, die vom Aussterben bedroht sind. Wenn Sie eine ungewöhnliche Raupe finden, lassen Sie sie an ihrem Platz. Schadinsekten werden nur lästig, wenn Sie in Massen auftreten. Übrigens mögen Kois keine haarigen Raupen und keine, die besondere Duftstoffe oder ätzende Stoffe absondern. Leckerbissen sind allerdings Regenwürmer. Und wenn wir eine Regentonne haben, können wir von Zeit zu Zeit Mückenlarven, Wasserflöhe und andere Kleinlebewesen abfischen und verfüttern.

Hin und wieder kann man auch ein Stückchen Brot geben. Die Kois werden laut schmatzend daran herumknabbern.

Futterzeiten

Es ist ganz sinnvoll, zu bestimmten Tageszeiten zu füttern. In der warmen Jahreszeit am besten zweimal täglich: morgens gegen zehn und am späten Nachmittag. Wenn Sie nur einmal am Tag füttern können, nehmen Sie sich Zeit, damit die Kois ausreichend Futter bekommen, da sie nicht so viel auf einmal fressen können. Futter auf Vorrat in den Teich zu werfen bringt nichts, es verfault nur, und die Kois nehmen es nicht mehr. Damit Ihre Kois rascher zutraulich werden, sollten Sie jedesmal füttern, wenn Sie an den Teich gehen. Auch bei Kois geht die Liebe durch den Magen. Die Fische werden bald zu Ihnen hinschwimmen und um Futter betteln.

Verhalten

Der Koi und die »anderen«

Wir werden oft von Koi-Neulingen gefragt, wie sich denn der Koi verhält, wenn man ihn zu bereits vorhandenen Teichbewohnern setzt.
Der Koi ist ein sehr friedlicher Schwarmfisch, der sich in eine vorhandene Population problemlos einpaßt. Mit Goldfischen bildet er bald einen einheitlichen Schwarm, da die Fische ein ähnliches Temperament haben. Orfen können aufgrund ihrer rastlosen Art die Kois etwas mehr in Bewegung halten. Wir haben allerdings auch schon festgestellt, daß wenige Orfen im Teich wiederum von den Kois etwas beruhigt werden.
Sie können den Koi-Neuzugang also ohne Bedenken eingliedern, dieser Fisch ist in keiner Weise aggressiv.

Koi-Verhalten

Kois sind ungewöhnlich zutraulich. Ihr Verhalten ist für Teichfische wirklich einzigartig. Oder kennen Sie einen Fisch, der Ihnen das Futter vom Mund wegnimmt? Ich rede hier nicht von Meeressäugern, bei denen aufgrund ihrer Intelligenz verblüffende Dressuren möglich sind, sondern von Teichfischen.

Kois werden sehr schnell zahm. Sie fressen Ihnen aus der Hand und lassen sich streicheln. Ein Fisch ist zwar nicht das übliche Schmusetier, und man sollte ihn sicher nicht auf den Arm nehmen, wo ihm bald die Luft ausgeht, aber das Verhältnis zu diesen Tieren wird sehr bald durch die persönliche Beziehung geprägt. Da Kois auch sehr leicht durch unterschiedliche Färbung und Zeichnung zu unterscheiden sind, werden Sie bald wissen, wer der wildeste Schmuser, der Ungestüme, der Bedächtige, der Schüchterne, der Fresser usw. ist. Sicherlich werden Sie auch bald einen oder mehrere Lieblinge haben, denen Sie besonders geneigt sind. Undenkbar? Bei Fischen? Da kennen Sie Kois aber nicht! Man kann Kois sicherlich als die Haustiere unter den Fischen bezeichnen, man kann sich dem freundlichen, dem Menschen zugeneigten Wesen nicht entziehen. Diese Tiere haben nicht nur wegen ihrer Schönheit eine solche Popularität erlangt, sie bringen dem Halter auch viel Spaß im täglichen Umgang. Nicht umsonst werden Kois in Japan so hoch geehrt, sind sie mit einer durchweg positiven Symbolik behaftet, wie Mut, Tapferkeit, Erfolg, Glück und langes Leben.
Die Zähmbarkeit hat einen großen praktischen Vorteil: wenn die Fische soweit sind, daß wir sie mit der Hand aus dem Wasser heben können, ist es leichter, sie z. B. auf Parasiten zu untersuchen und zu behandeln. Sie ersparen sich das manchmal entnervende Einfangen der Fische. Kois sind in der Jugend recht munter und von spritzigem, quirligem

Wesen. Sie werden behäbiger und majestätischer mit wachsendem Alter und zunehmender Größe. Ein gesunder Koi strotzt vor Lebensfreude und macht gerne Luftsprünge. Er nimmt einen Anlauf, springt senkrecht aus dem Wasser und fällt mit lautem Aufklatschen wieder zurück. Diese Angewohnheit bietet im Teich ein sehr hübsches Schauspiel, kann aber gefährlich werden, wenn wir die Kois in mobilen oder stationären Becken überwintern. Meist sind diese Becken relativ klein, so daß Kois einfach herausspringen. Allein finden sie allerdings nicht zurück. Deshalb sollte man über das Becken ein Netz spannen, damit die Tiere wieder in das Wasser zurückfallen.

Meistens bilden die Kois eine homogene Gruppe, die gemächlich im Teich umherschwimmt. Beim Füttern stürzen sie gemeinsam zum Futterplatz, wobei es keine Rivalität und kein aggressives Verhalten gibt. Jeder sieht zwar zu, daß er ein Bröckchen des begehrten Futters erwischt, manchmal drängen sich 5 Mäuler um ein Futterkorn, aber es wird zu keinen Beißereien kommen. Selbst kleine Fische kommen zwischen den großen zu ihrem Futter. Sie können das Futter aber auch einzeln aus der Hand fressen lassen, wenn Sie sichergehen wollen, daß die Schüchternen den gleichen Anteil bekommen. Wenn Fische sich absondern oder nur ruhig auf Grund sitzen, können sie krank sein. Man sollte sie genau beobachten, ob sie Krankheitsbilder zeigen, auf die wir im einzelnen noch eingehen werden.

Vermehrung

Wenn Sie eines Morgens im Mai an Ihren Teich kommen und einer Ihrer Kois wird von ein paar anderen durch das Wasser gejagt und fast aus dem Teich geschubst, dann ist es soweit. Das Brutgeschäft beginnt.

Wenn sich die Wassertemperatur im Frühling auf 19—21 °C erhöht hat, meist Mitte bis Ende Mai, ist Laichzeit bei den Kois. Wie bei vielen sonst friedfertigen Fischarten wirkt die Balz- und Brutzeit auf ahnungslose Besitzer reichlich erschreckend. Die sonst ruhigen, besonnenen Fische wirken auf einmal aggressiv und toben durch das Wasser, sich anscheinend bekämpfend. Aber das Gegenteil ist der Fall. Die laichbereiten Weibchen, man erkennt sie an der deutlich schwereren Körperform, werden von den paarungswilligen Männchen umworben und verfolgt. Sinn der Sache ist nicht Rivalität, sondern sicherzustellen, daß die Eier so zuverlässig wie möglich befruchtet werden. Karpfeneier sind sehr empfindlich und sterben innerhalb kurzer Zeit nach dem Laichen ab, wenn sie nicht befruchtet sind. Deshalb dieser anscheinende Kampf.

Das Weibchen produziert ca. 200 000 Eier pro kg Körpergewicht. Diese Eier sind bei der Eiablage winzig klein und quellen im Wasser auf das 8—10fache Volumen auf. Ein kleiner Teil davon reift heran, 10% sind schon ein gutes Ergebnis. Das erklärt auch die riesige Menge an produzierten Eiern.

Zum Laichen benötigt das Weibchen

Kois beim Laichen.

Wasserpflanzen oder Tannenzweige, die man in den Teich legen kann, wenn keine Pflanzen da sind.

Die Männchen sind im Alter von 3 Jahren geschlechtsreif, die Weibchen im 4. Jahr.

Sollten Ihre Kois laichen, dann ist es nicht unbedingt gesagt, daß auch die Brut heranwächst. Selbst wenn Junge schlüpfen, sind sie so vielen Gefahren ausgesetzt, daß nur wenige, wenn überhaupt, heranwachsen. Koi-Aufzucht ist ein diffiziles Geschäft, und von vielerlei Fehlschlägen begleitet. Sie müssen auch berücksichtigen, daß die Elterntiere die Jungfische fressen, die sie erbeuten können. Wir dürfen diese Tatsache nicht mit unseren Gefühlen belasten, da dies ganz sinnvoll ist, im Sinne der natürlichen Auslese. Zum anderen, was würden Sie tun, wenn in Ihrem Teich auf einmal 200 000 Fische mehr schwimmen?? Leider ist es meistenteils so, daß Jungfische, die aus wilden Paarungen entstehen, nicht sonderlich attraktiv aussehen. Sie sind meist von unscheinbarer Farbe. Wenn es so einfach wäre, gute Kois zu züchten, hätten sie nicht ihren Preis. Trotz guter Elterntiere, trotz optimaler Aufzuchtbedingungen bleibt es immer noch ein Zufall, ob bei der Brut wertvolle Tiere sind. Hier ein paar Zahlen zur Verdeutlichung: Von 200 000 Jungfischen erreichen höchstens 5000 Fische die gewünschte Färbung und maximal 10 erreichen die Qualität ihrer Eltern. Der größte Teil der Fische sieht aus wie der Wildkarpfen oder ist farblich nur schwach ausgebildet.

Anatomie

Um seinen Koi richtig kennenzulernen, ist es unerläßlich, sich mit seiner Anatomie zu beschäftigen. Es ist wichtig, die Bezeichnungen der Körperteile und Organe zu kennen, damit man weiß, wovon die Rede ist, z. B. bei der Beschreibung von Krankheiten.

Der Fischkörper ist unterteilt in einen Kopfbereich (Schnauzenspitze bis Ende des Kiemendeckels), den Rumpf (Ende Kiemendeckel bis Afteröffnung) und den Schwanz.

Das wichtigste Organ zur Fortbewegung ist die Schwanzflosse. Wenn man die Fische eine Zeitlang beobachtet, kann man sehr gut sehen, wie sie eingesetzt wird. Der Koi kann mit weichen, eleganten Bewegungen durch das Wasser gleiten oder mit kraftvollem, peitschenartigem Ausschlagen vorwärtsschnellen. Mit dem Schwanz kann der Fisch die Hauptrichtung bestimmen und eine schnelle Vorwärtsbewegung durch abrupte Richtungsänderung abbremsen. Rücken-, Brust-, Bauch- und Afterflossen leisten die Feinarbeit bei der Fortbewegung. Sie dienen vorwiegend zur Stabilisation und Richtungsänderung. Mit den Brustflossen z. B. kann der Koi durch paddelartige Bewegungen rückwärts schwimmen.

Die Flossen bestehen aus Haut, die fächerförmig von Skelettstrahlen durchzogen ist. Flossen, die verletzt werden, eingerissen oder teilweise abgerissen sind, wachsen in der Regel wieder nach.

An der Haltung der Flossen können wir aber auch den Gesundheitszustand eines Kois erkennen. Dicht an den Körper angelegte Flossen weisen darauf hin, daß es dem Fisch nicht gutgeht.

Ein sehr wichtiges Organ bei den Kois ist die Schleimhaut. Ein gesunder Fisch fühlt sich glitschig an. Wenn man den Fisch anfaßt oder einfängt, muß man darauf achten, die Schleimhaut nicht zu verletzen. Sie dient als Schutz gegen Bakterien und Pilze. Also, nie den Fisch mit trockenen Händen oder einem Tuch oder ähnlichem anfassen.

Die Schleimhaut wird von innen her nachgebildet. Nur ein ausreichend ernährter Fisch kann eine genügend starke Schleimhaut bilden.

Die Schuppen dienen vornehmlich dem

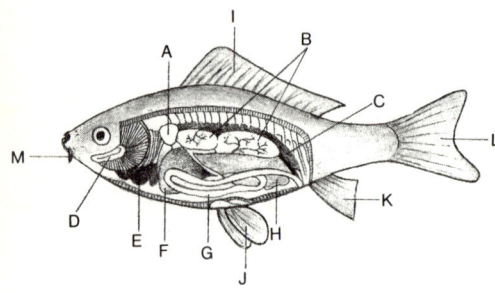

Die verschiedenen Organe eines Koi.

_A_ Kopfniere
_B_ Schwimmblase
_C_ Niere
_D_ Kiemenapparat
_E_ Herz
_F_ Leber
_G_ Darm
_H_ Geschlechtsorgane
_I_ Rückenflossen
_J_ Bauchflossen
_K_ Afterflosse
_L_ Schwanzflosse
_M_ Barteln

Zeichnung nach »Kosmos-Handbuch der Aquarienkunde«

Schutz gegen grobe Verletzungen und liegen in bindegewebigen Schuppentaschen. Sie wachsen mit der gleichen Geschwindigkeit wie der Fisch, wobei sie ähnlich den Bäumen Wachstumsringe bilden, an denen man das Alter feststellen kann. Ausgerissene Schuppen wachsen in der Regel wieder nach, wenn sich die Stelle nicht entzündet.
Die Atemorgane der Kois, die Kiemen, liegen geschützt unter den Kiemendekkeln. Wenn der Fisch gesund ist und in sauberem Wasser lebt, sind die Kiemen von tiefroter Farbe. Sie bestehen aus lamellenartigen feinen Hautplättchen, die auf den knorpeligen Kiemenbögen sitzen. Schnelles und heftiges Heben und Senken der Kiemendeckel und gleichzeitiges Öffnen des Maules deuten auf Sauerstoffmangel hin.
Da der Koi kein Raubfisch ist, hat er keine richtigen Zähne, sondern Mahlknochen, die tief im Schlund liegen. Man nennt sie Schlundzähne. Sie zerkleinern die Nahrung, bevor sie in den Darm gelangt. Es können damit sogar harte Getreidekörner und Schneckengehäuse zermahlen werden.
Im Gegensatz zu den Raubfischen, die einen großen Magensack mit saurem Milieu haben (die Magensäure ist so agressiv, daß sogar Metallteile, wie verschluckte Angelhaken, aufgelöst werden), besitzt der Koi keinen Magen, sondern einen wesentlich längeren Darmtrakt mit alkalischem Milieu.
Um sein Gewicht nach dem Wasserdruck zu regulieren, hat der Koi eine Schwimmblase. Mit Hilfe dieses gasgefüllten Hohlorgans kann er bestimmen, ob er sinken, aufsteigen oder frei stehen will. Sie besteht aus zwei Kammern und ist mit dem Darm verbunden. Wenn der Jungfisch aus dem Ei schlüpft, ist er praktisch nicht schwimmfähig, sondern heftet sich an Wasserpflanzen fest. Nach drei bis vier Tagen versucht er, zur Wasseroberfläche zu gelangen, um dort seine Schwimmblase mit Luft zu füllen. Gelingt ihm das nicht, geht er nach einigen Tagen ein.
Die Geschlechtsprodukte werden beim

Männchen Milch genannt (männliche Fische nennt man Milchner), beim Weibchen Rogen (Rogner).

Sinnesorgane

Eines der wichtigsten, für uns allerdings kaum sichtbares Sinnesorgan, ist das Seitenlinienorgan. Damit kann der Fisch feinste Schwingungen und Erschütterungen wahrnehmen. Er fühlt so z. B., wenn Sie sich dem Teich nähern. Sie können sich vorstellen, wie schrecklich es für Fische ist, wenn man ein Loch in die Eisdecke des Teichs schlägt.
Kois können auch sehr gut sehen und Farben unterscheiden. Erscheinen Sie beim Füttern Ihrer Fische stets mit einem Behälter gleicher Färbung. Die Kois prägen sich dies ein und werden so schneller zutraulich. Da der Koi keine Lider hat, kann er die Augen nicht schließen. Er schläft deshalb nicht wie wir, sondern ruht nur.
Beidseitig vor den Augen liegen die Nasenöffnungen, die jeweils in eine faltenreiche Riechgrube führen. Kois können ähnlich gut wie Hunde riechen. Sie erkennen durch ihren Geruchssinn Futter, Artgenossen oder auch Feinde. Verletzte Fische scheiden Schreckstoffe aus, die von den Artgenossen aufgenommen werden und diese vor eventuellen Gefahren warnen.
Sie haben sicher schon beobachtet, daß Fische Futterbröckchen oder auch andere Dinge aus dem Wasser oder vom Boden aufnehmen und einiges sofort wieder ausspucken. Auch dem Koi schmeckt noch lange nicht alles. Er kann nämlich mit Hilfe seiner Geschmacksknospen, die sich größtenteils im Maul befinden, feststellen, ob das Futter nach seinem Geschmack ist. Er kann so auch unterscheiden, ob er etwas Genießbares aufgenommen hat oder nicht. Fischfutter wird bei der Herstellung oftmals mit Geschmacksstoffen wie Rotbarschöl angereichert, damit es den Fischen besser schmeckt.
Kois besitzen ein inneres, sehr verwinkelt gestaltetes Ohr, das Labyrinth. Es dient zur Wahrnehmung von Tönen und gleichzeitig der Gleichgewichtskontrolle. Der Fisch orientiert sich damit über seine Lage im Wasser und kontrolliert so Drehungen und Wendungen.

Feinde

Im Gartenteich sind große Kois eigentlich wenig gefährdet, lediglich Katzen könnten ihnen Verletzungen zufügen (siehe Kapitel: Das Haustier Koi). Auf wenig besuchten Wochenendgrundstücken kann der Graureiher Schaden anrichten und natürlich nicht zu vergessen: der Mensch.
Ganz junge Kois (bis zu 8—10 cm) sind allerdings durch verschiedene Tiere bedroht. Dies sind der Gelbrandkäfer und seine Larven, Libellenlarven, Vögel, wie Krähen und Elstern, Katzen, Marder und Iltis.

Koi-Variationen

Der japanische Koi ist sicherlich der prächtigste Gartenteichfisch für unsere Klimazone. Er hebt sich von anderen Süßwasserfischen durch ein enormes Spektrum an verschiedensten Färbungen und Zeichnungen ab. Wo sonst findet man bei einer anderen Spezies eine Farbpalette von strahlendem Weiß über leuchtendes Gelb, Orange, Rot, Blau bis hin zu Grün, Braun und samtigem Schwarz. Hier ist zu erwähnen, daß die japanischen Züchter Hervorragendes leisten, um möglichst farbintensive Fische in erstaunlichen Farb- und Zeichnungsvariationen zu züchten. Wenn wir im folgenden Kapitel von unterschiedlichen Farbgattungen sprechen, bezieht sich dies *ausschließlich* auf die Physiognomie, das äußere Erscheinungsbild des Kois. In seiner Anatomie ändert sich der Fisch in keinster Weise. Die Körperform bleibt immer die gleiche.
Es gibt bei den Kois einige »klassische« Grundformen, die zur Bestimmung sehr wichtig sind. Jede Farb- oder/und Zeichnungsgattung hat einen bestimmten japanischen Namen. Es gibt außerdem drei Unterscheidungsmerkmale, die sich nicht auf die Farbstellungen, sondern auf die *Beschuppung* beziehen:
Die Grundform der Kois ist vollbeschuppt.
Die zweite Spielart hat sich aus einer Kreuzung mit dem deutschen Spiegelkarpfen ergeben und wird Doitsu genannt. Doitsu (gesprochen: doits) ist das japanische Wort für Deutsch. Hierbei handelt es sich um einen Koi mit Lederhaut und Spiegelschuppen, jede Farbstellung ist möglich.
Die dritte Form ist der Ginrin, der Glitzerschuppen hat, die schimmern und glänzen wie Perlen oder Edelmetalle. Diese Art ist vollbeschuppt.
Bei der Zeichnung gibt es unter anderem zwei hübsche Besonderheiten. Der Tancho hat einen runden, roten Fleck auf der Stirn. Kuchibeni (Lippenstift) nennt man einen Farbfleck auf den Lippen.
Aus einer Unzahl von Varietäten haben wir einige der wichtigsten herausgegriffen, nach denen Sie recht gut unterscheiden können, um welchen Koi es sich handelt. Wir beschreiben Ihnen 9 Arten, die Sie auch auf den Photos sehen können. Es gibt sehr viel mehr Arten, die sich aber meist aus einer Kombination der nachfolgenden ergeben. Es gibt gewisse Standards, die bestimmen, wie Färbung, Verteilung und Größe der Flecken beschaffen sein sollten. Diese Klassifikationen sind dann wichtig, wenn Sie Ihren Koi auf einer Ausstellung

Seite 55 oben:
Im Schwarm wirken japanische Kois am besten.
Unten:
Bei der Fütterung mit Schwimmfutter kann man Kois am besten beobachten und bewundern.

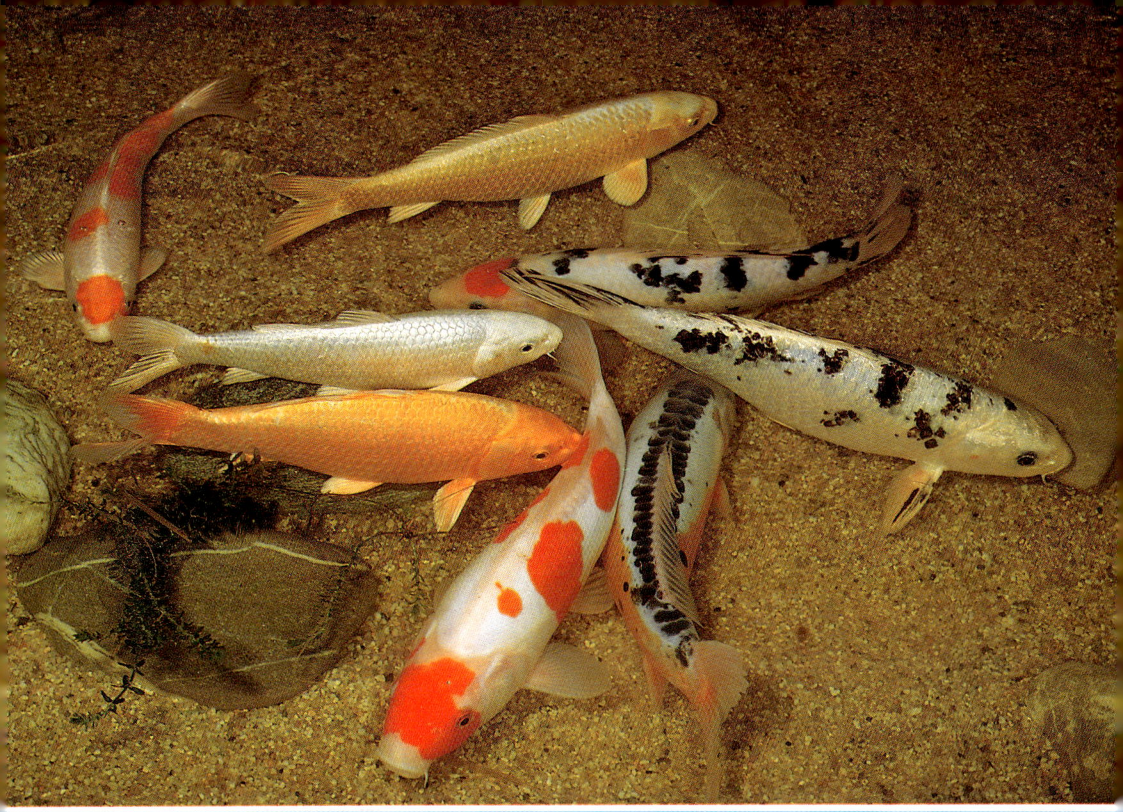

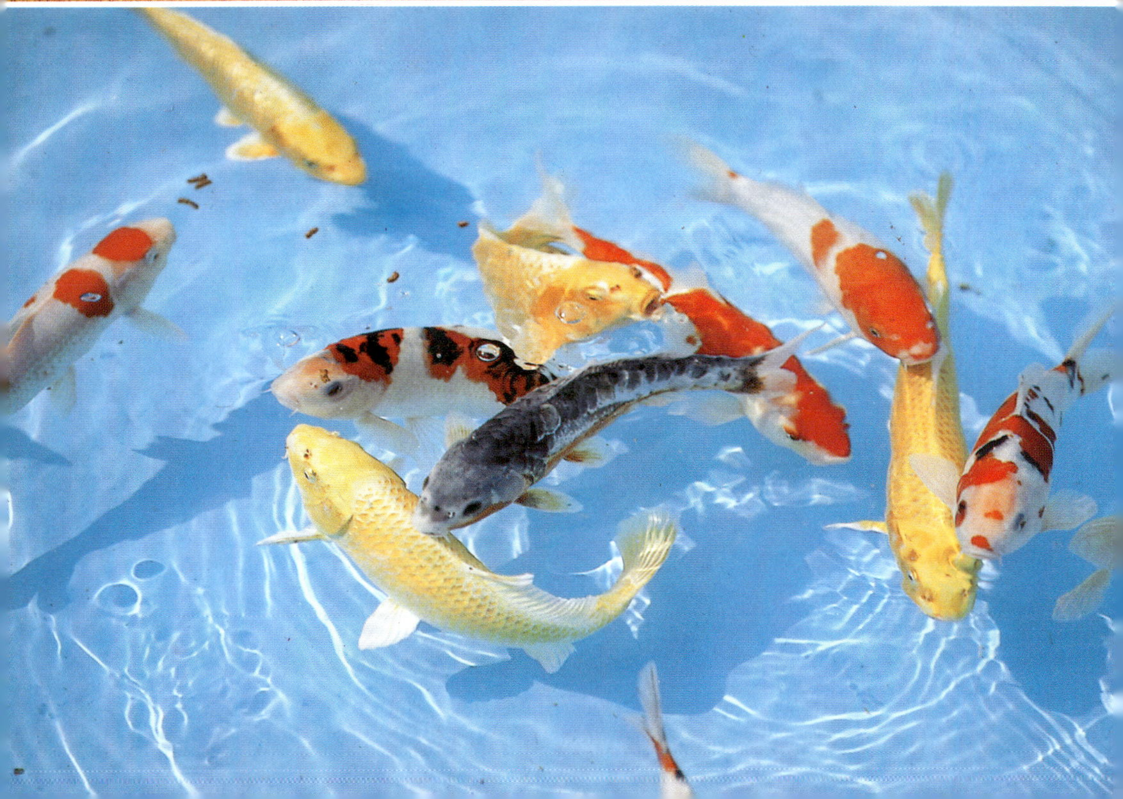

zeigen. Aber solche strengen Auswahl-kriterien sollten Sie erst dann anlegen, wenn Sie einen Preisträger suchen. Diese Champions sind nämlich auch sehr teuer. Die wertvollsten Kois in Japan kosten ca. 500 000,— DM. Wenn sie überhaupt käuflich sind. Es ist aber wichtig zu wissen, wie ein guter Koi aussehen muß. Denn wer weiß, vielleicht entwickelt sich ja aus einem guten Jungfisch ein Klasse-Koi. Wir beschreiben Ihnen also bei jeder Art die Grundmerkmale, die Sie beachten sollten. Der beliebteste und bekannteste Koi in Japan ist der

Kohaku

Der Kohaku hat eine weiße Grundfarbe und eine rote Zeichnung in Form von Flecken. Idealerweise ist das Weiß makellos und strahlend, gelbliches oder fleischfarbenes Weiß ist von minderer Qualität. Die roten Flecken sollten klar abgegrenzt sein.
Man könnte sagen, der Kohaku ist der Prototyp des Koi. Er ist vielleicht deshalb so beliebt, weil seine Farbkombination der japanischen Flagge entspricht. Es gibt sogar weiße Kois mit einem runden

Seite 56:
Ein Traum-Kohaku, wie man ihn nur selten findet. In dieser Klasse ist er mit seinem Alter von 5 Jahren und einer Größe von 50 cm ca. 10 000 DM wert.

roten Fleck auf dem Kopf. Diese nennt man Tancho-Kohaku. Ein Doitsu-Kohaku hat eine Lederhaut mit Spiegel-schuppen. Hat er Glitzerschuppen, ist es ein Kinginrin-Kohaku.

Taisho-Sanke

Dieser Koi hat wie der Kohaku eine weiße Haut, aber zusätzlich zu den roten noch schwarze Flecken. Die schwarzen Flecken sind meist kleiner als die roten. Eine hübsche aber seltene Spielart ist der Tancho-Sanke, der am Körper nur schwarze Flecken aufweist, und auf dem Kopf einen runden, roten Fleck trägt. Die Qualitätsmerkmale für den Taisho-Sanke sind die gleichen wie für den Kohaku: makellose weiße Haut, die Flecken von intensiver Farbe und klar abgegrenzt.

Showa-Sanshoku

Dieser Koi sieht dem Taisho-Sanke ähnlich. Er ist auch dreifarbig, allerdings hat er eine schwarze Haut mit roten und weißen Flecken. Er ist insgesamt etwas dunkler, da die schwarzen Flecken größer sind. Die Flossen sind schwarz an ihrer Basis. Die schwarzen Flecken ziehen sich auch über den Kopf bis zum Maul, was beim Taisho-Sanke nicht der Fall ist. Auch hier ist die Farbintensität wichtig.

Die Farben müssen kräftig und klar sein, ungefähr 20% Anteil von Weiß ist wünschenswert. Rot sollte klar abgesetzt sein.

Utsuri

Der Utsuri hat eine schwarze Haut mit weißen, etwas kegelförmigen Flecken. Die Flecken können auch gelb, orange oder rot sein. Die Brustflossen sind meist gestreift, können aber auch intensiv schwarz sein. Der Kopf ist meist mit schwarzer Zeichnung versehen, die sich bis über das Maul zieht. Die Grundfarbe sollte von samtigem, makellosem Schwarz sein. Die Flecken sollten in der Farbe klar kontrastieren, sind aber zum Rand hin oft mit schwarzen Sprenkeln versehen. Insgesamt wirkt die Zeichnung grafischer, da die Flecken nicht so abgerundet sind.

Bekko

Dieser Koi hat eine weiße, gelbe oder rote Haut mit schwarzer Zeichnung. Der Bekko weist nicht so viel Schwarz auf wie der Utsuri. Die Flecken sind kleiner. Der Kopf sollte nicht gezeichnet sein. Die schwarzen Flecken können in lockeren Streifen angeordnet sein, die sich quer über den Rücken ziehen. Der Bauch ist nicht gefleckt.

Ogon

Dies ist die Bezeichnung für goldene, einfarbige Kois. Die Farbe variiert von Zitronengelb bis Aprikose. Ogons gibt es auch in Orange und Rot. Ein weißer Ogon heißt Platinum-Ogon, wegen seiner schimmernden, platinweißen Farbe. Der ideale Ogon ist gut durchgefärbt, die Farbe muß strahlend sein und sollte einen metallischen Schimmer haben. Ogons kommen in einem Schwarm verschiedener Kois gut zur Geltung, da sie mit ihrem leuchtenden Gelb, Orange oder Platin lebhafte Kontraste setzen.

Asagi

Dieser Typ hat einen hell- bis dunkelblauen Rücken mit netzartig feingezeichneten Schuppen. Der Bauch und die Flossen sind weiß, orange oder bei sehr guten Exemplaren auch rot. Der Kopf ist meist von hellerem Blau bis Weiß und sollte rote Markierungen an den Wangen haben. Die Flossen bei hellköpfigen Asagis haben meist helle bis weiße Spitzen. Bei einem guten Asagi fällt die deutliche netzartige Schuppenzeichnung auf und gutplaziertes leuchtendes Rot an Bauch, Flossen und Wangen.

Shusui

Der Shusui ist eigentlich ein Doitsu-Asagi. Er hat nämlich eine Lederhaut und Spiegelschuppen. Die beiden Schuppenreihen auf dem Rücken sollten von dunklerem Blau sein. Die Farbe variiert von sehr hellem Blau bis zu Mittelblau, aber auch Weiß und Rot sind möglich. Die Flossen, der Bauch und oft Teile des Kopfes sind weiß-rot, wie bei dem Asagi. Der Shusui ist meist von intensiverer Färbung als der Asagi. Ganz auffällig ist strahlendes Hellblau, von dem sich das Rot sehr schön abhebt. Der gute Shusui ist von kräftiger Farbe mit zwei Reihen, die Rückenflosse eingrenzenden, klar gezeichneten, dunkelblauen Spiegelschuppen auf dem Rücken und gut plazierten kräftigroten Markierungen.

Kujyaku

Die Hautfarbe des Kujyaku ist helles glänzendes Silber. Die Zeichnung ist oft goldfarben, kann aber variieren von zitronengelb über orange bis braungold. Die Zeichnung kann flächig sein oder in Sprenkeln über den Körper verteilt. Die Schuppen zeigen, wie bei dem Asagi, ein netzförmiges Muster. Wichtig ist die strahlende silberne Haut- und Flossenfarbe, die bis ins Platin gehen kann.

Beurteilung und Wert

Wir haben einige Koi-Arten aufgezeigt, um Ihnen Anhaltspunkte zu geben, nach denen Sie Kois selbst bestimmen und beurteilen können. Da die Zeichnung der Kois letztendlich eine Laune der Natur ist, wird es nicht gelingen, Kois mit genau identischen Zeichnungen zu finden. Deshalb können diese Artbestimmungen nur Anhaltspunkte sein, um eine Grundrichtung festzulegen.
Es gibt mittlerweile eine Unmenge von Arten, die sich aus Kreuzungen der beschriebenen Typen ergaben.
Wenn Sie einen Koi nur nach dem kommerziellen Wert beurteilen, sollten Sie streng auf die Standards achten und nur bei einem Händler kaufen, der sich mit diesen gut auskennt. Ein Farbfleck am falschen Platz kann den Wert schon erheblich mindern, auch wenn der Fisch gesund ist und hübsch aussieht. Sehr wichtig ist auch eine makellose Grundfarbe. Wenn ein Koi mit weißer Hautfarbe rosige oder gelbliche Verfärbungen aufweist, ist er schon weniger wert. Haben Sie jemals einen Koi mit gleichmäßig strahlend weißer Haut gesehen, können Sie das auch verstehen.
Um beurteilen zu können, was ein guter Koi ist, muß man sicherlich einige Erfahrung mitbringen. Es ist wichtig, sich viele Kois anzuschauen, um den Unterschied kennenzulernen. Gehen Sie nicht nur zum Zoogeschäft um die Ecke, nehmen Sie sich Zeit, um mehrere Händler aufzusuchen. Sie werden bald Qualitätsunterschiede feststellen können. Auf

den Fotos sehen Sie gute Kois, vielleicht ist dies ein erster Anhaltspunkt für Sie. Es gibt billige Kois, die aber so schwach ausgefärbt sind, daß Sie nie verstehen werden, wieso man so begeistert von Kois sein kann. Von minderwertigen Fischen wäre ich auch nicht begeistert. Gute Kois kosten Geld. Für einen Jungfisch müssen Sie ca. 40,– bis 50,– DM rechnen. Ein drei- bis vierjähriger Fisch kostet schon 300,– bis 1000,– DM. Hier kommt es auf die Klasse an. Nach oben gibt es keine Grenzen.

Aber wenn Sie sich schon die Mühe gemacht haben, Ihren Teich koigerecht auszustatten, haben Sie schon einiges an Arbeit, Mühe und Geld investiert. Es wäre schade, ihn mit minderwertigen Fischen zu besetzen.

Wenn Sie noch nie Kois gehalten haben, ist es sicherlich sinnvoll, klein anzufangen. Verluste durch Pflegefehler treffen nicht so schwer, wie wenn Sie große, wertvolle Tiere verlieren. Ich habe in der Anfangszeit viel lernen müssen. Das fing mit dem Teich an und hörte bei der Überwinterung nicht auf. Unsere gewohnten Gartenteiche sind weniger für die Fischhaltung gedacht als für die Bepflanzung. Ein Koiteich wird nach ande-

ren Kriterien angelegt. Da stehen nicht die Pflanzen im Vordergrund, sondern die Fische. Deshalb mein Rat: Kaufen Sie anfangs lieber einige schöne Jungfische und machen Sie Ihre Erfahrungen. Der Wunsch nach besseren, größeren Kois kommt von alleine.

Bei jungen Kois, besonders wenn Sie Zeichnungen aufweisen und mehrfarbig sind, besteht die Gefahr, daß sich die Zeichnung noch ändert. Die älteren Fische sind da wesentlich stabiler. Das rechtfertigt auch den höheren Preis. Ich hatte einen kleinen Tancho-Sanke, der nach einem Jahr den roten Kopffleck ganz verlor, und einen Taisho-Sanke mit vielen schwarzen Flecken, der jetzt noch ganze fünf Punkte aufweist. Beim Shusui färbte sich ein recht heller Kopf dunkel. Allerdings hat mich das nie geärgert. Zum einen wußte ich, daß sich Jungfische noch ändern können und zum anderen gab es auch viele Entwicklungen zum Besseren. Farben wurden intensiver und manche Zeichnungen wirkten am erwachsenen Fisch schöner. Wichtig zu wissen ist auch, daß Kois in einem schattigen Teich intensivere Farben aufweisen als in einem sonnigen. Warum das so ist, weiß man nicht.

Fisch- und »Teichkrankheiten«

so leicht das Opfer von Parasiten und Krankheiten. Deshalb ist unser erstes Thema zum Kapitel Fischkrankheiten der Vorsorge gewidmet.

Das Kapitel Krankheiten ist bei Tierhaltern nicht sehr populär. Selbstverständlich möchte jeder nur gesunde Tiere haben. Fische haben für uns den zusätzlichen Nachteil, daß sie keine Stimmen haben, mit denen sie uns auf ein Unwohlsein hinweisen können. Sie werden auch nicht so oft berührt wie Hunde und Katzen, bei denen wir schnell Parasiten, Schwellungen und Wunden feststellen können. Es ist auch nicht einfach, einen kranken Fisch zu fangen, um ihn zu behandeln. Es ist erstaunlich, welche Energie ein offensichtlich kranker und geschwächter Koi mobilisieren kann, wenn wir ihn aus dem Teich holen wollen. Sobald wir uns mit dem Netz nähern, wird ein Fisch, der seit Stunden in einer »Ekke« stand, durch den Teich flitzen, als sei er gesund.

Viele Medikamente für Fische gehören in die Hand des Fachmanns. Bei falscher Dosierung schaden Medikamente oft mehr, als sie helfen. Außerdem reagieren verschiedene Fischarten unterschiedlich auf das gleiche Mittel. Das ist wichtig zu wissen, wenn Sie außer Kois noch andere Fische in Ihrem Teich haben. Wesentlicher Bestandteil der Krankheitsbekämpfung ist deshalb die Vorsorge: die Gesunderhaltung des Fischbestandes durch optimale Haltung und Pflege. Ein kräftiger Fisch wird nicht

Gesunder Teich – gesunde Kois

Wir haben ausführlich darüber gesprochen, wie ein Fischteich beschaffen sein sollte. Das mag Ihnen vielleicht als überflüssig erschienen sein. Der Sinn des Ganzen wird allerdings in diesem Kapitel augenfällig.

Wir nutzen den Teich als gestalterisches Element in Privatgärten noch nicht allzu lange. Materialien wie PVC-Folien ermöglichen uns, auch auf kleinen Grundstücken Teiche anzulegen. Dies ist recht preisgünstig von jedem auszuführen. Hauptsächlich dienen unsere Gartenteiche als sogenannte Feuchtbiotope, um Wasser- und Sumpfpflanzen zu kultivieren. Dieser »Pflanzenteich« verleiht dem Garten einen reizvollen Akzent und bietet vielen einheimischen Insekten, Amphibien und Vögeln Unterschlupf. Die nächste Stufe ist die Bereicherung des Teiches um meist einheimische »Biotopfische« wie Elritzen, Moderlieschen und Stichlinge. Wenn wir Goldfische und Goldorfen einsetzen, können schon die ersten Probleme auftauchen, zumal Goldfische recht vermehrungsfreudig sind. Bei ausreichendem Futterangebot tummelt sich bald ein stattlicher Schwarm kräftiger Goldfische im Teich, der reichlich Abfall produziert und das Wasser erheblich belastet. Und wir sind belastet mit dem Problem Fischteich. Sie sehen also, es besteht ein Unterschied zwischen der Anlage eines Feuchtbiotops und eines Zierfischteichs. Bei einem Fischteich ist es wichtig, auch bei großem Fischbesatz das Wasser sauber, klar und reich an Sauerstoff zu halten. Pflanzen und Bakterien sorgen zwar für die Reinhaltung des Wassers in einem ausgewogenen Teichklima, aber dieses Gleichgewicht kann gestört werden. Wir wissen, daß bei einer Teichgröße von 10 qm ca. 8—10 Jungfische eingesetzt werden können. Wenn diese Fische größer geworden sind, verbrauchen sie mehr Sauerstoff und produzieren mehr Abfallstoffe. Das Wasser ist sauerstoffärmer, die Algen vermehren sich, das Wasser wird trübe. Die Bakterien, die die Abfallstoffe zersetzen und so den Teich sauberhalten, benötigen auch Sauerstoff. Je größer die Abfallmengen, desto höher ist der Sauerstoffbedarf. Wenn die Sauerstoffversorgung zusammenbricht, sammeln sich übelriechende und zum Teil giftige Stoffe. Der Teich kippt um, wie man so schön sagt, und mit ihm die Fische. Es ist klar, daß Fische in einem sauerstoffarmen Teich schwach und anfällig werden.

Parasiten, Pilze, Bakterien und Viren leben auch in sauberem Wasser, aber sie werden für die Fische erst dann bedrohlich, wenn diese aufgrund unzureichender Umweltbedingungen geschwächt werden. Das ist beim Menschen nicht anders. Viele Krankheitserreger werden erst dann zur Gefahr, wenn der Körper nicht genügend Abwehrkräfte mobilisieren kann.

Ein gesunder, starker Fisch, der z. B. von Fischegeln befallen ist, wird sich an Steinen oder an der Teichwand scheuern, um sie loszuwerden. Durch die Parasiten entstehen kleine Wunden, die normalerweise problemlos abheilen. Es können aber auch Bakterien und Pilze eindringen, die den Fisch erkranken lassen. Ist die Kondition des Fisches schlecht, kann sich sein Körper nicht dagegen wehren.

Sie werden nun wahrscheinlich eher verstehen, warum wir immer wieder darauf hinweisen, wie wichtig es ist, den Teich und das Wasser sauber zu halten.

Wenn Sie nun noch dafür sorgen, daß ihre Kois gutes Futter in ausreichender Menge erhalten, haben Sie das Beste getan, um Ihre Fische gegen Gesundheitsprobleme zu wappnen. Sie sollten die Kois aber immer gut beobachten, um im Fall einer Krankheit rechtzeitig eingreifen zu können. Vor allem im Herbst sollte man Kois und Teich gründlich inspizieren, damit man eventuelle Parasiten noch rechtzeitig vor der Winterruhe beseitigen kann. Im Winter sind die Fische am meisten durch Parasitenbefall gefährdet, da sie in der kalten Jahreszeit sehr träge sind und sich der Quälgeister nicht erwehren können. Außerdem sind sie aufgrund der Kälte und der Hungerperiode konditionell nicht auf der Höhe und können leichter Schaden nehmen.

Parasiten und Pilze

Wenn Kois in der warmen Jahreszeit von Parasiten befallen sind, benehmen sie sich meist recht auffällig: Sie reiben die befallenen Körperstellen an Steinen oder Teichwänden. Wenn Sie einen Folienteich haben, wird sich der Koi eine Falte aussuchen, um sich zu scheuern. Er visiert dabei sein Ziel an, schwimmt darauf zu und schnellt in einer bogenförmigen Bewegung an dem Stein o. ä. entlang. Manchmal springt er auch aus dem Wasser, als wollte er seine Quälgeister abschütteln. Kois sind generell recht springfreudig und scheuern sich auch hin und wieder. Das allein muß kein Hinweis sein. Sie sollten sich allerdings die Fische genau betrachten, wenn das Scheuern häufig und in kürzeren Abständen erfolgt. Sehen Sie sich möglichst alle Fische an (am besten beim Füttern), denn die Parasiten können sich mittlerweile schon auf anderen Fischen festgesetzt haben!

Jetzt noch ein Wort zu den Parasitenvernichtungsmitteln. Diese Mittel sind giftig und aggressiv, da sie ja Tiere töten müssen. Wie wir von Insektiziden wissen, töten sie nicht immer nur genau die Tiere, die wir loswerden wollen. Es ist äußerst wichtig, daß Sie sich peinlich genau an die Dosierungsvorschrift halten. Eine kleine Überdosierung könnte Sie Ihren ganzen Fischbestand kosten. Besonders empfindlich sind Goldorfen und Goldfedern. Ich will Ihnen als Warnung ein eigenes Erlebnis schildern:

Meine Fische, fünfzehn Kois, drei Goldfische und zwei Goldorfen, waren im Spätherbst stark von Fischegeln befallen. Bei einem kleinen wunderhübschen Platinum Ogon hatte sich durch den starken Befall die Schwanzregion entzündet, war rötlich und stark geschwollen. Der Fisch konnte nur noch mühsam schwimmen. Ich beschloß, die Fische sicherheitshalber im Haus zu überwintern und gleichzeitig die Plagegeister zu vernichten. Die Fische zogen um, ich säuberte den Teich und versorgte ihn mit Masoten (einem Mittel gegen Fischegel). Auch meinen Wintergästen gab ich das gleiche Mittel in das Wasser. Allerdings in einer schwächeren Dosierung als angegeben, da ich die Goldorfen nicht gefährden wollte. Die Giftstoffe in dem Mittel sollten nach 2 Tagen abgebaut sein (laut Beipackzettel). Die Goldorfen jedoch zeigten nach einem Tag Nervenschädigungen durch Krümmung des Körpers an. Ich wechselte die Hälfte des Wassers aus. Am folgenden Tag nochmals. Den Goldorfen schien es besser zu gehen, obwohl sie immer noch recht verkrümmt aussahen. Am fünften Tag waren die beiden Goldorfen und drei Kois tot. Unter den Kois der kleine Platinum Ogon, dessen Schwanz mittlerweile ein wenig abgeschwollen war. Die Fischegel waren zwar nach zwei Tagen vollkommen verschwunden, aber es hatte fünf Fische das Leben gekostet. Normalerweise hätte den Kois nicht das Geringste passieren dürfen. Wir vermuten, daß durch den starken Egelbefall die Fische so geschwächt waren, daß sie die Behandlung nicht überstanden. Alle anderen Fische waren putzmunter.

Sie sehen also, es ist nicht getan mit dem einfachen: »Man nehme . . .«. Man muß auch den allgemeinen Zustand der Tiere berücksichtigen. Ich will damit keineswegs sagen, daß Mittel gegen Parasiten die Fische umbringen. Im Gegenteil: Manchmal sind diese Mittel unerläßlich, um einen gefährdeten Fischbestand zu retten.

Sie sehen auch an diesem Beispiel, wie wichtig es ist, die Kois in guter Kondition zu halten und den Teich sauber.

Grundsätzlich sollten Sie sich im Krankheitsfalle an einen auf Fischkrankheiten spezialisierten Tierarzt oder den nächsten Fischgesundheitsdienst wenden. Von diesem erhalten Sie dann auch das Rezept für das entsprechende Medikament.

Noch ein Tip: die Mittel zur Schädlingsbekämpfung werden meist in sehr geringen Mengen dosiert. Für viele ist es unmöglich, dies zu Hause zu tun. Bitten Sie Ihren Apotheker, das für Sie zu erledigen. Ein verantwortungsvoller Apotheker wird Ihr Problem verstehen.

Um die genaue Dosierungsmenge herauszufinden, müssen Sie unbedingt wissen, wieviel Liter Wasser Ihr Teich faßt. Am einfachsten läßt sich das feststellen, wenn Sie auf der Wasseruhr ablesen, wieviel Wasser Sie bei einer kompletten Füllung eingelassen haben.

Karpfenlaus
Argulus foliaceus

Dieser Parasit wird bis zu 6 mm groß und gehört trotz seines Namens zu den Ruderfußkrebsen. Sein Körper ist abgeflacht und kreisförmig. Da er durchsichtig ist, erkennt man ihn nicht so ohne weiteres auf seinem Wirt. Klar zu sehen sind aber die großen schwarzen Augen. Die Karpfenlaus schwimmt im Wasser, bis sie einen geeigneten Wirt findet. Das sind meist Fische, aber auch Kaulquappen werden nicht verschmäht. Der Parasit klammert sich mit seinen Füßen an, sticht mit dem stilettartigen Saugorgan in die Fischhaut, und saugt das Blut und die Gewebeflüssigkeit des Wirts. Um die Einstichstelle entstehen meist Entzündungen und Schwellungen. Bei allzu starkem Befall kann der Fisch sterben. Das Weibchen legt seine Eier an Steinen oder dem Teichboden ab. Die winzigen, frisch geschlüpften Larven müssen 5–6 Wochen auf Fischen schmarotzen, bis sie geschlechtsreif sind. Die Larven unterscheiden sich in der Form von den Erwachsenen und häuten sich mehrmals, bis sie ihre endgültige Gestalt erreicht haben.

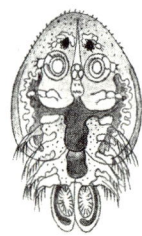

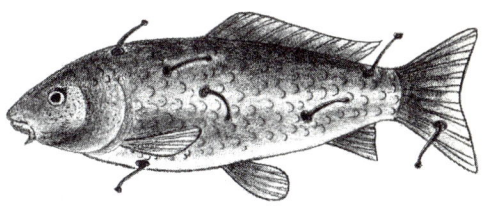

Behandlung
Teichbehandlung: 1 g Masoten auf 3000 Liter Wasser. Die Behandlung nach 5—6 Wochen wiederholen, um auch zwischenzeitlich geschlüpfte Jungtiere zu erreichen.
Falls möglich, 3–5 Tage nach der Behandlung einen größeren Wasserwechsel durchführen. Masoten ist apotheken- und verschreibungspflichtig.

Fischegel. Oben befallener Fisch, unten der bis zu 3 cm große Parasit.

Fischegel
Piscicola geometra

Dieser mit dunklen Querbändern oder Ringen versehene Egel wird bis zu 3 cm lang. Schon allein durch seine Größe fällt er auch einem ungeübten Betrachter auf. Der Körper ist recht schlank und runder als bei den meisten anderen Egelarten. In pflanzenreichen und verschlammten Gewässern ohne Strömung findet er optimale Lebensbedingungen. Der Fischegel kann tagelang reglos auf einer Pflanze sitzen, festgeklammert mit seinen rückwärtigen Saugorganen und den Körper gerade ins Wasser gestreckt, bis ein Fisch vorbeischwimmt. Er findet ihn mit weit ausholenden Suchbewegungen. Sobald er sein Opfer erreicht hat, löst er sich von der Pflanze und stößt seinen Saugrüssel in die Haut des Fisches. Die Paarung findet auf dem Wirt statt. Anschließend werden die Eikokons auf Steinen und Pflanzen abgelegt. Vereinzelte Fischegel können gesunde Kois nicht töten. Allerdings können sich die Bißstellen entzünden. Bei starkem Befall jedoch können sie den Fischen gefährlich werden.

Behandlung
Teichbehandlung: 1 g Masoten auf 2000 Liter Wasser. Vorsicht bei gleichzeitigem Besatz von Goldorfen und Goldfedern. Diese vertragen höchstens eine Dosierung von 1 g Masoten auf 3000 Liter. Behandlung nach 4—6 Wochen wiederholen (siehe Behandlung von Karpfenläusen; diese Seite).

Ankerwurm
Lernea cyprinacea

Dieser Ruderfußkrebs wird bis zu 15 mm lang. Er bohrt sich in die Haut des Fisches, es sieht aus, als wären dünne Drähte mit farbloser Hülle in die Haut gesteckt. Diese Stellen sind auch meist

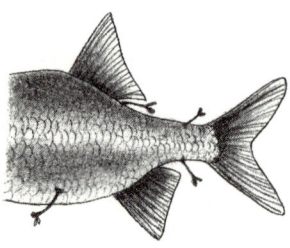

Ankerwurm. Oben befallener Fisch, unten der bis zu 15 mm lange Parasit mit Eiersäkken am Hinterende.

stark entzündet. Der Parasit ist regelrecht in seinem Wirt verankert, wo er das Gewebe zerstört und das Blut des Fisches aussaugt.

Behandlung

Mit der Pinzette kann der Parasit relativ leicht vom Fisch entfernt werden. Um aber einen nachhaltigen Erfolg zu garantieren, muß der Teich behandelt und von den Parasiten befreit werden. Teichbehandlung: 1 g Masoten auf 3000 Liter Wasser. Behandlung nach 4—6 Wochen wiederholen (siehe Behandlung von Karpfenläusen; Seite 65).

Hauttrüber

Zu dieser Gruppe zählen verschiedene Arten einzelliger Geißeltierchen wie z. B.

Costia, Chilodonella, Trichodina. Diese Parasiten treten vor allem kurz vor dem Winter auf oder nach langen kalten Wintern. Auch wenn die Fische zu schlecht und zu dicht gehalten werden.

Man erkennt den Befall daran, daß die Fische mit einem bläulich-weißen schleierartigen Belag überzogen sind. Teilweise löst sich die Haut in Fetzen vom Körper. Diese Krankheiten breiten sich vor allem bei hohem Fischbesatz sehr schnell aus und verlaufen bei Jungfischen meist tödlich.

Behandlung

Die Fische müssen gebadet werden. Entweder in einer Formalinlösung, wobei man die Dosierung 1 ml Formalin 28%ig in 5 Liter Wasser nimmt. Die Fische bleiben 30 Minuten im Bad. Während dieser Behandlung sind die Fische genau zu beobachten. **Achtung:** Formalin ist sehr gefährlich, nicht einatmen!!! Dosierungen genau einhalten!

Grießkörnchenkrankheit (Ichthyophtirioides)

Diese Krankheit wird von dem Wimperntierchen *Ichthyophtirius multifilius* verursacht. Sie ist erkennbar an sehr kleinen weißlichen Knötchen auf der Haut und den Flossen der Fische. Die Tiere sehen aus wie mit feinem Grieß bestreut. Diese Parasiten werden begünstigt durch zu hohen Fischbesatz bei gleichzeitig schlechter Wasserqualität oder ständige Zugaben großer Mengen Leitungswassers.

Behandlung

Medikamente: Omnisan, Antimaladin T. Diese Mittel sind im Zoofachhandel erhältlich. Sie werden dem Wasser zugesetzt. Bitte Dosierungshinweis auf der Packungsbeilage beachten.

Innenparasiten

Erkrankungen, die in Zusammenhang stehen mit Innenparasiten, wie Bandwürmer, Kratzer, Saugwürmer und Fadenwürmer, sind vom Laien sehr schwer zu erkennen. Wir gehen deshalb auch nicht ausführlich auf dieses Thema ein. Wenn die Fische stark abmagern oder ungewöhnlich dick sind, kann das auf einen starken Befall von Innenparasiten hinweisen. Da aber auch andere Erkrankungen die Ursache sein können, ist es das Beste, einen Fachmann oder Tierarzt zu Rate zu ziehen. Da niedergelassene Tierärzte meist keine Fische behandeln, ist es am sinnvollsten, sich an den zuständigen Fischgesundheitsdienst oder die nächste tierärztliche Hochschule zu wenden.

Adressen kann Ihnen der Tierarzt nennen.

Schimmelpilze
Saprolegnia

Die gesunde Schleimhaut der Kois wirkt wie ein Schutzmantel gegen *Saproleg-*nia-Sporen. Ist die Schleimhaut allerdings verletzt, haben Pilze eine ideale Angriffsfläche und vermehren sich meist sehr rasch.

Der Fisch kann sich Schädigungen der Haut selbst zuziehen, wenn er sich z. B. an einem scharfkantigen Stein verletzt. Die Wunden können aber auch von Parasiten wie Karpfenlaus, Fischegel und Ankerwürmern zugefügt werden.

Auch Fische, die lange Zeit unterernährt oder geschwächt sind, können leicht von Pilzen befallen werden. Eine kritische Zeit ist der Winter, wenn die Temperaturen lange sehr niedrig bleiben. Die Kois sind dann anfällig gegen Verpilzungen.

Die von Schimmelpilzen befallenen Hautstellen zeigen watteähnliche Beläge.

Behandlung

Man bereitet eine Lösung aus 15 g Kochsalz auf 1 Liter Wasser und badet die Fische für 20 Minuten darin. Diese Behandlung muß notfalls 2−3mal wiederholt werden, wenn das erste Bad keinen Erfolg bringt.

Sie können auch ectopur, mycopur, Antimaladin T verwenden, das im Zoofachhandel erhältlich ist. Auch hiermit werden die Fische separat gebadet oder das Mittel dem Teichwasser zugesetzt. Bitte Dosierungsanweisung beachten und die Fische während der Behandlung genau beobachten.

Bakterien und Viren

In jedem Teich gibt es eine Unzahl von Bakterienarten, die unterschiedliche Aufgaben erfüllen. Die Fische sind ständig in Kontakt mit ihnen. Es kommt aber erst dann zum Krankheitsausbruch, wenn die Kois geschwächt sind oder durch Wunden den Bakterien eine Angriffsfläche bieten. Sei es durch geänderte Umweltbedingungen, die Verschlechterung der Wasserqualität oder veränderten gesundheitlichen Zustand der Fische durch Schwäche, Unterernährung, Streß etc.

Nicht alle Erkrankungen durch Bakterien oder Viren ergeben ein für den Laien klar erkennbares Krankheitsbild, so daß wir uns auf zwei Krankheiten beschränken, die eine klare Diagnose zulassen. Ein Fisch, der auffallend ruhig wird, sich absondert, apathisch ist, taumelt, ständig die Flossen anlegt, auffallend stark zu- oder abnimmt, ist krank. Wenn sein Krankheitsbild allerdings so diffus ist, daß es zu keiner der geschilderten Krankheiten paßt, sollten Sie einen Tierarzt konsultieren. Mit wahllos angewendeten Medikamenten könnten Sie einen Koi totpflegen, der durch gezielte Hilfe hätte gerettet werden können.

Karpfenpocken

Diese Krankheit tritt vorwiegend während der kalten Jahreszeit auf. Man findet sie auch oft bei Kois, die in Teichen leben, die kontinuierlich mit Grundwasser versorgt werden.

Die Bezeichnung Karpfenpocken ist etwas irreführend, da sie nichts mit Pokken zu tun hat, sondern von einem herpesähnlichen Virus verursacht wird. Befallene Fische zeigen schleimartige, feste, milchglasartige Erhebungen unterschiedlicher Größe auf Körper und Flossen. Die Hautveränderungen lassen im ersten Moment an eine Pilzerkrankung denken. Die Krankheit verläuft chronisch, meist über mehrere Monate. Generell machen die Fische keinen kranken Eindruck, ihr Verhalten ist bei mäßigem Befall normal. Es kommt nur in seltenen Fällen zu Verlusten. Es gibt allerdings keine Möglichkeit, die Fische medikamentös zu behandeln. Meistens verschwindet die Krankheit von alleine, wenn die wärmere Jahreszeit kommt. Auch ein Umsetzen der Fische in wärmeres Wasser ist oft vorteilhaft.

Infektiöse Bauchwassersucht

Diese wohl am häufigsten zu beobachtende Krankheit bei karpfenartigen Fischen wird von Bakterien der *Aeromonas*-Gruppe verursacht.

Man unterscheidet eine »akute« und eine »chronische« Form. Die akute Form äußert sich sehr überraschend. Von einem Tag auf den anderen sind befallene Fische plötzlich sehr matt, zeigen Gleichgewichtsstörungen und lassen sich leicht fangen. Da es im Körper zu einer starken Flüssigkeitsansammlung kommt, quellen die Augen aus dem Kopf (Glotzaugen) und die Schuppen sträuben sich und stehen vom Körper ab. Der Fisch sieht dann aus wie ein Tannenzapfen. Außerdem quillt meist auch Eiter aus dem After. Eine Rettung dieser Fische ist in der Regel nicht mehr möglich. 1−2 Tage später geht der Fisch meist ein.

Die chronische Form der Bauchwassersucht zieht sich über einen längeren Zeitraum hin, verschwindet wieder und kann dann plötzlich wieder zum Ausbruch kommen. Als typische Krankheitsbilder treten eitrige, blutige und meist anfangs von einem Pilz begleitete Geschwüre auf. Oftmals sind diese Wunden so tief, daß man die Gräten, manchmal sogar die Eingeweide der Fische sehen kann. Im Gegensatz zur akuten Form ist hier in der Regel bei rechtzeitigem Eingreifen eine Heilung möglich.

Da die Aeromonaden zur natürlichen Bakterienflora des Wassers gehören, können gesunde Fische ihnen auch widerstehen. Deshalb besteht die Gefahr einer Infektion mit Krankheitsausbruch erst, wenn die Fische durch schlechte Umweltbedingungen geschädigt werden. Sie sehen gerade am Beispiel dieser Krankheit, wie wichtig es ist, vorbeugende Maßnahmen für das Wohlergehen der Kois zu treffen.

Behandlung

Bei dieser Krankheit muß unbedingt ein Tierarzt hinzugezogen werden, da als Medikament nur ein Breitbandantibioti-

Schuppensträube mit Glotzaugen (Bauchwassersucht).

kum wie z. B. Chloramphenicol in Frage kommt, welches verschreibungspflichtig ist.

Kiemennekrose

Die auch als Branchionecrosis bezeichnete Krankheit ist stark umweltabhängig. Sie tritt vorwiegend in Teichen mit starker Algenblüte auf. Das Wasser im Teich ist dann grün und trübe und der pH-Wert steigt auf 9 und höher.

Zum Vergleich: Der ideale pH-Wert des Wassers liegt bei 7−7,5. Bei steigenden pH-Werten ist der Fisch nicht mehr in der Lage, den im Blut gebildeten Ammoniak über die Kiemen an das Wasser abzugeben. Das heißt der Ammoniakgehalt des Blutes steigt an, die Kiemen werden zerstört. Der Fisch ist nun nicht mehr oder nur noch bedingt in der Lage, Sauerstoff aufzunehmen (siehe S. 20). Erkrankte Fische sondern sich oft ab, atmen schwer (zu erkennen an heftigen

Pumpbewegungen der Kiemen) und suchen Stellen im Teich, die eine höhere Sauerstoffkonzentration aufweisen, wie bewegtes Wasser oder Frischwasserzufluß.

Behandlung
Unverzüglich Fütterung einstellen, für mindestens 2 Wochen, um das Wasser und die Fische nicht noch mehr durch deren Ausscheidungen zu belasten. Den Teich schattieren, um das Algenwachstum nicht noch mehr anzuregen. Jeden Tag ein Drittel des Wassers ablassen und Frischwasser zugeben (Leitungswasser). Für gute Filterung des Wassers sorgen. Jeden zweiten Tag eine Gabe von 5–8 g Chloramin T auf 1000 Liter Wasser. 4–6mal wiederholen.

Chloramin T sollte man nur über den Fischgesundheitsdienst anfordern und sich dort vorerst mit dem zuständigen Tierarzt absprechen. (Vorsichtsmaßnahmen, Sicherheitsratschläge).

Tumore und Geschwüre

Kois können auch Tumore und Geschwüre bekommen. Hier ist es allerdings oft schwierig für den Laien, zu diagnostizieren, um welche Ursachen es sich handelt. Diese Krankheiten gehören in die Hand des Tierarztes.

Es ist wichtig, daß Sie Ihre Kois gut beobachten, um gleich einzugreifen, wenn die Fische Veränderungen an Körperform oder Hautoberfläche zeigen. Je eher desto besser, denn viele Tumore können geheilt werden, wenn sie rechtzeitig erkannt und chirurgisch entfernt werden. Aber Vorsicht! Niemals selbst solche Operationen durchführen. Diese Behandlungen gehören unbedingt in die Hände eines erfahrenen Tierarztes.

Register

Register